T0157341

Printed in the United States
By Bookmasters

سلسلة دراسات إسلامية (٨)
حقوق الجنين والطفل
في الإسلام والقانون الدولي

بسم الله الرحمن الرحيم

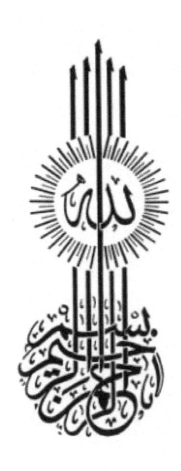

سلسلة دراسات إسلامية (٨)

حـقـوق الجـنـيـن والـطـفـل
في الإسلام والقانون الدولي

إعداد الأستاذ الدكتور:

محمد حسن أبو يحيى

أستاذ الفقه المقارن - قسم الفقه وأصوله

كلية الشريعة - الجامعة الأردنية

والعميد السابق لكليتي:

الشريعة - الجامعة الأردنية

والدعوة وأصول الدين - جامعة البلقاء التطبيقية

١٤٣٢ هـ / ٢٠١١ م

دار يافا العلمية للنشر والتوزيع

٢٧٢.٣٣

أبو يحيى، محمد حسن

حقوق الجنين والطفل في الإسلام والقانون الدولي/ محمد حسن أبو يحيى._

عمان:دار يافا العلمية للنشر والتوزيع،٢٠١٠.

( ) ص

ر.إ : ٢٠١٠/٤/١٢٩٢

الواصفات:/حقوق الطفل//الإسلام//القانون الدولي/

* تم إعداد بيانات الفهرسة الأولية من قبل
دائرة المكتبة الوطنية

الطبعـــــــــة الأولـــــى :

١٤٣٢ هـ / ٢٠١١ م

دار يــــافــا العلمية للنشر والتوزيع

الأردن – عمان – تلفاكس ٤٧٧٨٧٧٠ ٦ ٠٠٩٦٢

ص.ب ٥٢٠٦٥١ عمان ١١١٥٢ الأردن

E-mail: dar_yafa @yahoo.com

بحث قُدّم إلى المؤتمر الحقوقي الثاني

" حقوق الإنسان بين الشريعة والقانون، التحديات والحلول"

جامعة الزرقاء الأهلية

١٩-٢٠ جمادى الأولى، ١٤٢٢هـ / ٨-٩ آب، ٢٠٠١م

المقدمـــــة

التعريف بالجنين والطفل

وأهليتهما لاكتساب الحقوق

أولاً: التعريف بالجنين والطفل:

١٠ **التعريف بالجنين:** هو الولد المتخلق في بطن أمه [١] قال تعالى:" وَإِذْ أَنْتُمْ أَجِنَّةٌ فِي بُطُونِ أُمَّهَاتِكُمْ ". [٢]

وهذا يعني أن الجنين يكون مخلوقاً من نطفة ثم علقة، ثم مضغة، ثم روحاً، وقال الشافعي في أقل ما يكون جنيناً:" أن يفارق المضغة والعلقة حتى يتبين منه شيء من خلق آدمي"[٣]

٢٠ **التعريف بالطفل:**

أ - في الاصطلاح الشرعي: ورد ذكر الطفل في قوله تعالى:" أَوِ الطِّفْلِ الَّذِينَ لَمْ يَظْهَرُوا عَلَى عَوْرَاتِ النِّسَاءِ"[٤]، **وقوله تعالى:" ثُمَّ نُخْرِجُكُمْ طِفْلًا"**[٥].والطفل رديف لكلمة (صبي) والصبي هو الإنسان المخلوق الذي لم

(١) نظام الأسرة في الإسلام، د٠ محمد عقلة ص ١٠٥/١، مكتبة الرسالة الحديثة، مطبعة الشرق ومكتبتها، ١٩٨٣م، نقلاً عن تفسير القرطبي ١١٠/١٧.

(٢) سورة النجم / ٣٢.

(٣) نظام الأسرة في الإسلام، المرجع السابق ص ١٠٥ نقلاً عن مختصر المزني ١٤٣/٥.

(٤) سورة النور / ٣١.

(٥) سورة الحج / ٥.

يبلغ[١] ، وللطفل دوران: الدور الأول: عديم التمييز، ويسمى طفلاً غير مميز، وتبدأ مرحلته منذ الولادة حتى ما قبل بلوغه سبع سنوات، والمرحلة الثانية: مرحلة التمييز، وهي المرحلة التي تكون بعد بلوغه سبع سنوات وتمتد إلى ما قبل ظهور علامات البلوغ[٢].

ب - وفي الاصطلاح القانوني:

" فالطفل من حيث كينونته يعتبر إنساناً كامل الخلق والتكوين، يولد مزوداً بكل الملكات والقدرات والحواس والصفات البشرية الإنسانية"[٣] .

ج - وفي الاصطلاح التربوي:

هو الصغير الذي يكون في سن يتكون فيه بالتوجيه المباشر ومجرد الامتداد دون تبصر[٤] .

ثانياً: أهلية الجنين والطفل لاكتساب الحقوق:

للإنسان في الإسلام أهليتان لاكتساب الحقوق: أهلية كاملة وهي صلاحية الإنسان لأهلية وجوب كاملة وأهلية أداء كاملة وأهلية ناقصة، وهذا النقص إما أن يعتري أهلية الوجوب أو الأداء، أو الاثنتين معاً، وذلك نظراً للأدوار التي يمر بها الإنسان في حياته من مبدأ تكوينه إلى تمام عقله، ثم موته وهذه الأدوار هي:

٠١ دور الجنين.

٠٢ دور الانفصال عن الأم إلى سن التمييز.

٠٣ دور التمييز إلى البلوغ.

٠٤ دور ما بعد البلوغ.

(١، ٢، ٣، ٤) تربية الأولاد في الإسلام، د. محمد عقلة ص ١١-١٢، مكتبة الرسالة الحديثة.

ويهمنا بيان الأدوار الثلاثة قبل البلوغ لعلاقة ذلك بموضوع البحث، وبناء على ذلك أقول:[1]

١٠ دور الجنين:

الجنين في بطن أمه بالنظر إليه كجزء من أمه يقر بقرارها، وينتقل بانتقالها، فنحكم بعدم ثبوت الذمة له، وبالتالي تنتفي عنه أهلية الوجوب، وبالنظر إلى الجنين من جهة كونه نفساً مستقلة، ومنفرداً عن أمه بالحياة، ومتهيئاً للانفصال عنها وصيرورته إنساناً قائماً بذاته، فنحكم بوجود الذمة له، وبالتالي تثبت له أهلية الوجوب.

وبناء على ذلك: فقد لوحظت هاتان الجهتان، فلم تثبت له ذمة كاملة، كما لم تنف عنه الذمة مطلقاً، وإنما أُثبتت له ذمة ناقصة صالحة لاكتساب بعض الحقوق فقط، ولهذا كانت للجنين أهلية وجوب ناقصة، بها صار صالحاً للوجوب له لا عليه، فتثبت له الحقوق التي لا يحتاج في ثبوتها إلى القبول كالميراث والوصية والاستحقاق في الوقف، أما الحقوق التي تحتاج إلى القبول: كالهبة، فلا تثبت له، وإن كانت نفعاً محضاً له، لأنه ليس له عبارة وليس له ولي أو وصي يقوم مقامه في القبول، ولا يجب عليه أي حق لنقصان أهليته، وإن أهلية الوجوب الناقصة للجنين إنما تثبت له بشرط أن يولد حياً.وأما أهلية الأداء فلا وجود لها بالنسبة للجنين، إذْ لا يتصور صدور أي تصرف منه لعجزه الكامل، كما أن هذه الأهلية مبناها التمييز بالعقل، ولا تمييز مطلقاً عند الجنين.

---

(1) راجع الوجيز في أصول الفقه د. عبد الكريم زيدان ص ٩٤ وما بعدها، مؤسسة الرسالة،١٩٩٤م.

٠٢ دور الانفصال إلى التمييز:

تثبت للجنين بعد انفصاله من بطن أمه حياً ذمة كاملة، فتثبت له أهلية وجوب كاملة، فتجب الحقوق له وعليه، وكان ينبغي أن تجب عليه الحقوق بجملتها، كما تجب على الشخص البالغ لكمال الذمة وثبوت الأهلية بها، إلا أنه لما كان نفس وجوب الحق على الإنسان، ليس مقصوداً لذات الوجوب، بل المقصود من الوجوب حكمه: وهو الأداء، فكل حق يمكن أداؤه عن الطفل يجب عليه وما لا يمكن أداؤه عنه، لا يجب عليه على التفصيل الآتي:

أ - حقوق العباد، ما كان منها حقوقاً مالية كضمان المتلفات، أو أجرة الأجير، أو نفقة الزوجة والأقارب، ونحو ذلك، فإن هذه الحقوق تجب على الطفل، لأن المقصود منها هو المال.وأداؤه يحتمل النيابة، فيؤديه الولي نيابة عنه.

وما كان من حقوق العباد عقوبة كالقصاص، لا يجب عليه، لأنه لا يصلح لحكمه: وهو المؤاخذة بالعقوبة، لأن فعل الصبي لا يوصف بالتقصير فلا يصبح سبباً للعقوبة لقصور معنى الجناية في فعله، كما أن هذا الحق لا يمكن أداؤه نيابة، فلا تجوز معاقبة الولي نيابة عن الطفل ٠وهذا بخلاف الدية، فإنها تجب لعصمة المحل، والصغر لا ينفي عصمة المحل، والمقصود من وجوبها: المال وأداؤه قابل للنيابة.

ب - حقوق الله تعالى: ما كان منها أصلاً للعبادات وهو الإيمان، وما كان منها عبادات خالصة، سواء كانت بدنية محضة: كالصلاة، أو مالية محضة: كالزكاة، أو مركبة من بدنية ومالية كالحج، لا يجب شيء من ذلك على الطفل.وما كان من حقوق الله تعالى عقوبة: كالحدود لم تجب على الطفل، كما لم يجب عليه ما هو عقوبة من حقوق العباد: كالقصاص لعدم حكمه وهو المؤاخذة بالعقوبة وعدم احتمالها النيابة.

أما أهلية الأداء فمنعدمة تماماً في حق الطفل عديم التميز في هذا الدور لعدم تمييزه، والتمييز بالعقل أساس أهلية الأداء، ولهذا لا يطالب الصبي بأداء شيء بنفسه، وما وجب عليه من حقوق بسبب أهلية الوجوب قام وليه بالأداء عنه، فيما تصح النيابة فيه.

ولعدم أهليته للأداء لا يترتب على أقواله وتصرفاته أي أثر شرعي، فعقوده وتصرفاته القولية باطلة لا يعتد بها.

٠٣ دور التمييز إلى البلوغ:

ويبدأ هذا الدور ببلوغ الطفل السن السابعة وينتهي بالبلوغ، وفي هذا الدور تثبت له أهلية وجوب كاملة، لأنها ثبتت للطفل غير المميز فثبوتها للطفل وهو أحسن حالاً منه أولى، فتثبت الحقوق له وعليه على النحو الذي تم بيانه بالنسبة للطفل عديم التمييز.

أما أهلية الأداء، فثبت للطفل في هذا الدور ناقصة كنقصان عقله، ويترتب على هذه الأهلية الناقصة صحة الأداء منه لا الوجوب بالنسبة للإيمان وسائر العبادات البدنية، لأن فيها نفعاً محضاً للطفل.

أما التصرفات المالية فحكمها كالتالي:

أ - تصرفات نافعة نفعاً محضاً للطفل كقبول الهبة والصدقة والوصية، وهذه التصرفات تصح منه دون توقف على إجازة الولي أو الوصي، لأن تصحيح مثل هذه التصرفات إذا باشرها الطفل ممكن بناء على وجود الأهلية القاصرة، وفي تصحيحها مصلحة ظاهرة له، ورعاية مصلحته واجبة كلما أمكن ذلك.

ب - التصرفات الضارة بالطفل ضرراً محضاً، وهي تلك التي يترتب عليها خروج شيء من ملكه دون مقابل، كالهبة والوقف ونحوهما، وهذه التصرفات لا

تصح منه بل لا تنعقد أصلاً ولا يملك الولي أو الوصي تصحيحها بالإجازة، لأنهما لا يملكان مباشرتهما في حق الطفل، فلا يملكان إجازتها، لأن مبنى الولاية: النظر للطفل ورعاية مصلحته، وليس من النظر في شيء مباشرة التصرفات الضارة به، أو إجازتها إذا باشرها الطفل ٠

ج - التصرفات المترددة بين النفع والضرر بحسب أصل وضعها، كالبيع والإجارة وسائر المعاوضات المالية، فهذه التصرفات تحتمل الربح والخسارة، فإذا باشرها الطفل المميز وقعت صحيحة باعتبار تمتعه بأصل أهلية الأداء، إلا أنها تكون موقوفة على إجازة الولي لنقص أهليته، فإذا أجازها الولي انجبر هذا النقص واعتبر التصرف كأنه صادر من ذي أهلية كاملة.

هذا ويجوز للولي أو الوصي أن يأذن للطفل المميز بأعمال التجارة متى آنس منه قدرة على ذلك، وفي هذه الحالة تكون تصرفاته التجارية صحيحة بناء على الإذن له مسبقاً، لأن الإذن السابق بمنزلة الإجازة اللاحقة بعده.

وفيما يلي الحديث عن حقوق الجنين والطفل في الإسلام والقانون الدولي في ثلاثة مباحث:

المبحث الأول

حقوق الجنين في الإسلام والقانون الدولي

حقوق الجنين في الإسلام: [1]

٠١ حسن اختيار أمة بأن تكون ذات دين وأخلاق فاضلة:

قال رسول الله صلى الله عليه وسلم:" تنكح المرأة لأربع: لمالها ولحسبها وجمالها ولدينها، فاظفر بذات الدين تربت يداك "[2] وقوله صلى الله عليه وسلم:"تخيروا لنطفكم وأنكحوا الأكفاء، وأنكحوا إليهم" [3]

٠٢ حسن اختيار أبيه بأن يكون صاحب دين وأخلاق فاضلة:

قال رسول الله صلى الله عليه وسلم:" إذا أتاكم من ترضون خلقه ودينه فزوجوه إلا تفعلوا تكن فتنة في الأرض وفساد عريض"[4] أي كبير.

٠٣ العناية بصحة الأم الحامل: وذلك بتوفير الغذاء الجيد لها لأن طفلها يتغذى منها وعلى الأم أن تتجنب تعاطي أي مادة ضارة به أثناء الحمل من دخان أو كحول، أو أكل المحرمات.

٠٤ العناية بصحة الجنين: وذلك بتشريع بعض الأحكام والرخص بقصد المحافظة على حياة الجنين وصحته، فرخص الإسلام للأم الحامل بالإفطار في رمضان، إن كان الصوم يشق عليها وخافت على جنينها من ضرر محقق، أو غلب على الظن إن هي صامت.

---

[1] انظر: تربية الأولاد في الإسلام، د٠ محمد عقلة، ص ١٩ – ٢٤، مكتبة الرسالة الحديثة، ١٩٩٠م.وأحكام الزواج في الشريعة الإسلامية،د٠ محمد أبو يحيى ص ٤٣ وما بعدها، المركز العربي، عمان، الأردن، ١٩٩٨.

[2] أخرجه البخاري في صحيحه، ٦/ ١٢٣، باب(١٥)، الأكفاء، كتاب النكاح (٦٧)، المكتبة الإسلامية، استانبول.

[3] أخرجه ابن ماجه ٦٣٣/١ حديث ١٩٦٨، طبعة دار الفكر بيروت.

[4] أخرجه ابن ماجه في سننه حديث (١٩٦٧)،٦٣٢/١ والترمذي في سننه ٣٩٤/٣حديث(١٠٨٤، دار التراث العربي، بيروت،)واللفظ لابن ماجه.

٥٠ حفظ حق الجنين في الميراث: جعل الإسلام للجنين حقاً في ميراث أبويه بشرطين:[١]

الشرط الأول: أن يكون موجوداً في بطن أمه وقت وفاة مورثه يقيناً.

الشرط الآخر: أن ينفصل الحمل من بطن أمه حياً، وذلك لكي تتوافر أهلية التملك.

وأما كيفية ميراثه:

فتكون إما بوقف التركة حتى تلده أمه حياً، فتقسم التركة على الورثة، وهو منهم، وإما بقسمة التركة على الورثة ويعطى أحسن النصيبين في حالة افتراضه ذكراً، أو أنثى، ويعطى الورثة أقل الأنصبة في حال الفرضين فإن تبين بعد الولادة أنه يستحق أحسن النصيبين أُعطي له وإن تبين أنه يستحق أقلهما يعطى له، ويصرف الفرق على الورثة بنسبة أنصبتهم[٢]

وقد نظم مشروع قانون الإرث في الأردن ميراث الجنين في المادتين التاليتين:

المادة (٣٤٣) يوقف للحمل من تركة مورثه أوفر النصيبين على تقدير أنه ذكر، أو أنثى، ويعطى كل من الورثة الآخرين أقل النصيبين اعتباراً لتقدير الذكورة، أو الأنوثة.

المادة (٣٤٤)(أ) إذا نقص الموقوف للحمل من التركة عما يستحقه، رجع بالباقي على من دخلت الزيادة في نصيبه من التركة.

(ب) إذا زاد الموقوف للحمل من التركة على نصيبه فيها، رد الزائد على من يستحقه من الورثة.

---

(١) الميراث في الشريعة الإسلامية، د. محمد أبو يحيى، ص١٨٩، المركز العربي، عمان، الأردن.
(٢) المرجع نفسه، ص ١٨٩ وما بعدها.

٦. المحافظة على حياة الجنين من الهلاك، أو الاعتداء عليه:[١]

أوجب الإسلام المحافظة على حياة الجنين من الهلاك أو الاعتداء عليه، فأوجب على قاتل الجنين عقوبة تتمثل بالغرة لما روي أن رسول الله صلى الله عليه وسلم: " قضى في الجنين يقتل في بطن أمه بغرة عبد أو وليدة " [٢]، وذلك كفارة لجنايته.

وكذلك رحمة بالجنين ومحافظة لحياته، فإن الحامل بالزنا لا يقام عليها حد الزنا بالرجم حتى تلده أمه ثم ترضعه حتى الفطام.[٣]

وحرم الإسلام الإجهاض في مرحلة ما بعد نفخ الروح، وهي المرحلة التي أشار إليها قوله تعالى:" ثُمَّ أَنْشَأْنَاهُ خَلْقًا آَخَرَ"[٤] ، وتبدأ بما بعد (١٢٠) يوماً وذلك لأن الإجهاض في هذه المرحلة جناية على حي، متكامل الخلق ظاهر الحياة[٥]. يدل على ذلك ما روي عن أنس بن مالك عن النبي صلى الله عليه وسلم أنه قال: " إن الله عز وجل قد وكل بالرحم ملكاً، فيقول: أي ربي نطفة، أي ربي علقة، أي ربي مضغة، فإذا أراد الله أن يقضي خلقاً قال الملك: أي ربي ذكر، أو أنثى، شقي أو سعيد، فما الرزق، فما الأجل، فيكتب كذلك في بطن أمه"[٦].

ومع أن حُكم الإجهاض في هذه المرحلة حرام، إلا أنه يجوز ذلك للضرورة محافظة على الأم، لأنها أصل وهو فرع، والأصل مقدم على الفرع[٧].

وفي حكم الإجهاض في مرحلة ما قبل نفخ الروح خلاف بين الفقهاء القدامى من جهة وعلماء الطب المعاصرين من جهة أخرى، وهذه المرحلة حددها

---

(١) تربية الأولاد في الإسلام، د٠ محمد عقلة، ص ٢٤.
(٢) البخاري في صحيحه ٢١٧٢/٥ حديث (٥٤٢٧)، دار ابن كثير، بيروت، ١٩٨٧ م.
(٣) تربية الأولاد في الإسلام، د ٠محمد عقلة ص ٢٤ نقلاً عن نيل الأوطار ١٢٦/٧ وما بعدها.
(٤) سورة المؤمنون/١٤.
(٥) نظام الأسرة في الإسلام، د٠ محمد عقلة ١٠٦/١، مكتبة الرسالة الحديثة، ١٩٨٣ م٠
(٦) أخرجه مسلم في صحيحه ٢٠٣٨/٤ حديث (٢٦٤٦) دار إحياء التراث العربي، بيروت، ١٩٥٤م.
(٧) نظام الأسرة في الإسلام، د٠ محمد عقلة ١٠٦/١.

القرآن الكريم بستة أطوار[1]، قال تعالى:" وَلَقَدْ خَلَقْنَا الْإِنْسَانَ مِنْ سُلَالَةٍ مِنْ طِينٍ (١٢)ثُمَّ جَعَلْنَاهُ نُطْفَةً فِي قَرَارٍ مَكِينٍ (١٣) ثُمَّ خَلَقْنَا النُّطْفَةَ عَلَقَةً فَخَلَقْنَا الْعَلَقَةَ مُضْغَةً فَخَلَقْنَا الْمُضْغَةَ عِظَامًا فَكَسَوْنَا الْعِظَامَ لَحْمً "[2].

ويبدو لي أن الرأي الذي نتوصل إليه، هو القول بتحريم الإجهاض في جميع مراحل الجنين بناء على ثبوت وجود الحياة في الجنين في هذه المرحلة منذ بداية تكوينه.

٠٧ المحافظة على ماله:

للجنين أهلية وجوب ناقصة صالحة لاكتساب بعض الحقوق فقط، كالميراث والوصية والاستحقاق في الوقف، أما الحقوق التي تحتاج إلى القبول كالهبة، فلا تثبت له، وإن كانت نفعاً محضاً، لأنه ليس له عبارة، وليس له ولي، أو وصي يقوم مقامه في القبول ولا يجب عليه أي حق لنقصان أهليته، وإنّ أهلية الوجوب الناقصة للجنين، إنما تثبت له بشروط، أن يولد حياً، وأما أهلية الأداء، فلا وجود لها بالنسبة إليه، إذْ لا يتصور صدور أي تصرف منه لعجزه الكامل، كما أن هذه الأهلية مبناها بالعقل، ولا تمييز مطلقاً له [3].وقد تقدم بيان ذلك في مقدمة البحث.

وبناء على ما تقدم، فإن المال الذي يؤول إلى الجنين بالطرق المشروعة كالميراث والوصية والاستحقاق في الوقف والميراث، مال محترم يجب حفظه.

---

(1) نظام الأسرة في الإسلام، د. محمد عقلة، ١٠٧/١.

(2) سورة المؤمنون ١٢-١٤ .

(3) انظر: الوجيز في أصول الفقه، عبدالكريم زيدان ص ٩٤، مؤسسة الرسالة ١٩٩٤م.

حقوق الجنين في القانون الدولي:

جاء في الإعلان العالمي لحقوق الإنسان ما يلي:[1]

نص المادة (٦) منه " لكل إنسان أينما وجد أن يُعترف بشخصيته القانونية ".

وكلمة إنسان تطلق على الطفل والجنين والرجل والمرأة ...

والاعتراف للجنين بالشخصية القانونية تعني الاعتراف بأهليته في التمتع بالحقوق وتميزه عن باقي الكائنات حيواناً أو جماداً، لكن هذه الأهلية قاصرة، لم يحدد الإعلان العالمي لحقوق الإنسان طبيعة هذه الأهلية، كما لم تحددها مبادئ إعلان حقوق الطفل التي أصدرتها الجمعية العامة للأمم المتحدة.

ونصت المادة (٣) منه " لكل فرد الحق في الحياة والحرية وسلامته الشخصية"

وهذه المادة منحت الحق في الحياة لكل فرد، وكلمة فرد عند الإطلاق والعموم تطلق على الجنين والطفل والرجل والمرأة، والجنين في بطن أمه كائن بشري حي، وهو في حاجة إلى الحماية من الاعتداء أو الهلاك.

---

(١) تشريعات حماية الطفولة، حسني نصار،ص٦٢ – ٦٣ منشأة المعارف بالاسكندرية.

المبحث الثاني

حقوق الطفل العامة في الإسلام والقانون الدولي

أولاً: حق تسمية الطفل في الإسلام والقانون الدولي:

حق تسمية الطفل في الإسلام:

تسمية الطفل في الإسلام حق من حقوقه الأساسية، لذا فإن الإسلام أوجب على أبيه أو من يقوم مقامه في حالة عدم وجوده أن يختار له اسماً حسناً يُدخل البهجة على نفسه، ويكون له وقع إيجابي عليه وعلى أسرته، وعلى فروعه من بعده.

لأن هذا الاسم سيبقى ملاصقاً له في حياته الدنيا وبعد مماته، وعلى الأب أن يجتهد في اختيار الاسم المحبب للذكر والأنثى.

ومما يدل على ذلك: أدلة كثيرة، منها:

قوله صلى الله عليه وسلم:" إنكم يوم القيامة تدعون بأسمائكم وأسماء آبائكم، فأحسنوا أسماءكم"[1].

وقوله صلى الله عليه وسلم:" إن أحب أسمائكم إلى الله عبدالله وعبد الرحمن"[2] وقوله صلى الله عليه وسلم: " تسموا بأسماء الأنبياء، وأحب الأسماء إلى الله عز وجل عبدالله وعبدالرحمن، وأصدقها حارث وهمام وأقبحها حرب ومرة "[3] وروي عن ابن عمر رضي الله عنهم أن ابنة لعمر كان يقال لها عاصية، فسماها رسول الله صلى الله عليه وسلم جميلة[4].

---

(1) أخرجه أبو داود في سننه ٢٨٧/٤ حديث (٤٩٤٨)، دار الفكر.

(2) أخرجه مسلم في صحيحه ١٦٨٢/٣ حديث (٢١٣٢)، دار إحياء التراث العربي، بيروت، ١٩٥٤ م.

(3) أخرجه أحمد في مسنده ٣٤٥/٤ حديث (١٩٠٥٤) مؤسسة قرطبة، مصر.

(4) مسلم في صحيحه ١٦٨٧/٣، حديث ٢١٣٩، دار إحياء التراث العربي، بيروت ١٩٥٤م.

وبناء على ما تقدم فإنه يجب على ولي الطفل اختيار الاسـم الحسـن، وأن اختيار ذلك يُعتبر حقاً من حقوقه التي يجب على وليه الوفاء بها.

ووصولاً إلى ذلك فإن الماوردي اشترط لحسن التسمية أشياء تُسهم في اختيـار اسم طيب هي:"استمداده من أسماء أهل الدين مـن الأنبيـاء والصـالحين، وأن يكـون قليل الحروف، خفيفاً على اللسان، سريـع التمكـن مـن السـمع، وأن يكـون حسـناً في المعنى ملائماً لجمال المسمى مألوفاً في أصل طبقته وملته ومرتبته"(١).

وفضلاً عـن ذلـك، فإنـه يجب على الأب المسلم أن يختار لـه اسـماً حسـناً مستمداً من التراث الإسلامي، لا من التراث الغربي، وللعجب هذه الأيام، نشاهد كثيراً ممن افتتن بمدنية الغرب، يتركون الأسماء الإسلامية المحببة، ويستوردون الأسماء الغربية الأجنبية، ويسمون بها أطفالهم ذكوراً وإناثاً، وفي هذا خروجاً على سنة رسول الـلـه صلى الـلـه عليه وسلم في التمسك بالأسماء العربية الإسلامية الحسنة.

حق تسمية الطفل في القانون الدولي:

جاء في المبدأ الثالث من مبادئ إعلان حقوق الطفل (٢)

" يجب أن يكون للطفل منـذ ولادتـه الحـق في أن يُعرف باسـم وبجنسية معينة "

---

(١) تربية الطفل في الإسلام، د. محمد عقلة ص ٢٦، مكتبة الرسالة الحديثة، عمان، الأردن،ط١، ١٩٩٠م، نقلاً عـن كتـاب الملوك لأبي الحسن الماوردي.

(٢) حقوق الطفل، جان شازال، ترجمة ميشال أبي فاضل ص ١٤.

ثانيا: حق حماية حياة الطفل وعرضه وعقله وماله في الإسلام والقانون الدولي:

حق حماية الطفل وعرضه وعقله وماله في الإسلام:

جاء الإسلام للمحافظة على الضروريات الخمس، ومنها حفظ النفس والعرض والعقل والمال، وإن المحافظة على حياة الطفل وعرضه وعقله وماله من الضروريات الخمس التي جاء الإسلام للمحافظة عليها.

وفيما يلي الحديث عن ذلك بإيجاز، فأقول:

١٠ حق حماية حياة الطفل:

إن حفظ الحياة من المقاصد الأساسية التي جاء الإسلام للمحافظة عليها، ولهذا حرّم الإسلام إزهاق الروح بدون حق، واعتبر ذلك من الكبائر، قال تعالى: مَنْ قَتَلَ نَفْسًا بِغَيْرِ نَفْسٍ أَوْ فَسَادٍ فِي الْأَرْضِ فَكَأَنَّمَا قَتَلَ النَّاسَ جَمِيعًا"[١]. وقال تعالى"وَمَا كَانَ لِمُؤْمِنٍ أَنْ يَقْتُلَ مُؤْمِنًا إِلَّا خَطَأً"[٢]. وقال تعالى"وَلَا تَقْتُلُوا النَّفْسَ الَّتِي حَرَّمَ اللَّهُ إِلَّا بِالْحَقِّ وَمَنْ قُتِلَ مَظْلُومًا فَقَدْ جَعَلْنَا لِوَلِيِّهِ سُلْطَانًا فَلَا يُسْرِفْ فِي الْقَتْلِ إِنَّهُ كَانَ مَنْصُورًا"[٣]. وقال عليه السلام: "لزوال الدنيا أهون على الله من قتل رجلٍ مسلم"[٤]. وقال صلى الله عليه وسلم مخاطباً الكعبة: "ما أطيبك وأطيب ريحك، وما أعظمك وأعظم حرمتك، والذي نفس محمد بيده، لحرمة المؤمن أعظم عند الله حرمة منك، ماله ودمه"[٥]. وقال صلى الله عليه وسلم:

---

(١) سورة المائدة / ٣٢.

(٢) سورة النساء / ٩٢٠

(٣) سورة الإسراء / ٣٣.

(٤) أخرجه النسائي في سننه ٨٢/٧ كتاب تحريم الدم، دار الجيل، ١٩٨٧م والترمذي في سننه، ٦/٤، حديث (١٣٩٥) كتاب الديات، دار إحياء التراث العربي، بيروت.

(٥) أخرجه ابن ماجة في سننه ١٢٩٧/٢، حديث (٣٩٣٢) كتاب الفتن، المكتبة العلمية.

"اجتنبوا السبع الموبقات: الشرك بالله والسحر، وقتل النفس التي حرّم الله إلاّ بالحق، وأكل الربا، وأكل مال اليتيم، والتولي يوم الزحف، وقذف المحصنات المؤمنات الغافلات"[1] .

وحرّم الإسلام أن يعتدي الإنسان على نفسه بالقتل أو بالسم أو بأية وسيلة أخرى، لأن النفس ليست ملكاً للإنسان، يتصرف فيها كما يشاء، بل هي ملك لله تعالى قال تعالى:" وَلَا تَقْتُلُوا أَنفُسَكُمْ إِنَّ اللَّهَ كَانَ بِكُمْ رَحِيمًا "[2] وقال صلى الله عليه وسلم: "من قتل نفسه بحديدة، فحديدته في يده، يتوجأ بها في بطنه في نار جهنم خالداً مخلداً فيها أبداً، ومن قتل نفسه بسم، فسمه في يده، يتحساه في نار جهنم خالداً مخلداً فيها أبداً، ومن تردى من جبل، فقتل نفسه، فهو مترد في نار جهنم خالداً فيها أبداً "[3].

فهذه الأدلة تدل دلالة واضحة على أن الإسلام أوجب المحافظة على نفس الإنسان، سواء أكان طفلاً أم امرأة أم رجلاً، فالأدلة لم تفرق بين هؤلاء، والأصل حمل العموم على عمومه والمطلق على إطلاقه، إلى أن يرد ما يخصص العام أو يقيد المطلق، ولا مخصص ولا مقيد.

كذلك حرّم الإسلام الاعتداء على أطراف الطفل بالقطع ونحوه، وأن الاعتداء على ذلك يعتبر اعتداءً على أطراف الرجل أو المرأة، قال تعالى:" وَكَتَبْنَا عَلَيْهِمْ فِيهَا أَنَّ النَّفْسَ بِالنَّفْسِ وَالْعَيْنَ بِالْعَيْنِ وَالْأَنْفَ بِالْأَنْفِ وَالْأُذُنَ

---

(1) مسلم في صحيحه، مختصر صحيح مسلم للمنذري، ص18-19 حديث 47، تحقيق: محمد ناصر الدين الألباني، ط3، المكتب الإسلامي، دمشق، بيروت، 1397هـ-1977م. والبخاري في صحيحه 1017/3 كتاب الوصايا، حديث (2615) دار ابن كثير، اليمامة، بيروت ط3، 1987م، تحقيق: مصطفى البغا.

(2) سورة النساء /29.

(3) أخرجه البخاري في صحيحه 303/10 حديث (5778)، كتاب الطب، دار الكتب العلمية، ط1، ومسلم في صحيحه، 289/2 حديث (109) كتاب الإيمان، دار الخير، بيروت، ط1.

بِالْأُذُنِ وَالسِّنَّ بِالسِّنِّ وَالْجُرُوحَ قِصَاصٌ فَمَنْ تَصَدَّقَ بِهِ فَهُوَ كَفَّارَةٌ لَهُ"[١]. وهذه الآية، وإن كانت حكاية عن شرع ما قبلنا، إلا أنها تعتبر من شرعنا لو ردوها فيه من غير نكير على القول الراجح.

وللمحافظة على نفس الطفل وأطرافه نجد أن الإسلام قد وضع عقوبتين لذلك: عقوبة دنيوية وهي القصاص بالقتل إن قُتِل الطفل عمداً، قال تعالى:" كُتِبَ عَلَيْكُمُ الْقِصَاصُ فِي الْقَتْلَى"[٢]. وقال تعالى: " وَلَكُمْ فِي الْقِصَاصِ حَيَاةٌ يَا أُولِي الْأَلْبَابِ "[٣].

والقصاص من الجاني بالقطع إن قطع عضواً من أعضاء الطفل للآية المذكورة آنفاً (وكتبنا عليهم فيها...) الآية إذ لا فرق بين طفل وامرأة ورجل في إقامة القصاص على الجاني.

والعقوبة الأخرى: عقوبة أخروية وهي العذاب في جهنم، قال تعالى: "وَمَنْ يَقْتُلْ مُؤْمِنًا مُتَعَمِّدًا فَجَزَاؤُهُ جَهَنَّمُ خَالِدًا فِيهَا"[٤].

٠٢ حق حماية عرض الطفل:

أوجب الإسلام المحافظة على عرض الطفل، ولهذا حرّم الاعتداء على عرضه بالزنا أو الاغتصاب أو بالقذف واعتبر الإسلام المحافظة على عرضه من حقوقه الأساسية التي يجب المحافظة عليها صوناً للمجتمع من الفساد الأخلاقي،

---

(١) سورة المائدة / ٤٥.

(٢) سورة البقرة / ١٧٨.

(٣) سورة البقرة / ١٧٩.

(٤) سورة النساء / ٩٣.

وما يترتب على ذلك من آثار سيئة تلحق المجتمع ... وكذلك حرم اللواط بالطفل واغتصابه، ولهذا وضع عقوبة زاجرة للزاني واللائط والقاذف والمغتصب.قال تعالى:"

الزَّانِيَةُ وَالزَّانِي فَاجْلِدُوا كُلَّ وَاحِدٍ مِنْهُمَا مِئَةَ جَلْدَةٍ وَلَا تَأْخُذْكُمْ بِهِمَا رَأْفَةٌ فِي دِينِ اللَّهِ"(١) هذه عقوبة الزاني غير المحصن. وأما عقوبة الزاني المحصن فالرجم حتى الموت.

وقال تعالى:" وَالَّذِينَ يَرْمُونَ الْمُحْصَنَاتِ ثُمَّ لَمْ يَأْتُوا بِأَرْبَعَةِ شُهَدَاءَ فَاجْلِدُوهُمْ ثَمَانِينَ جَلْدَةً"(٢). وقال تعالى: " إِنَّمَا جَزَاءُ الَّذِينَ يُحَارِبُونَ اللَّهَ وَرَسُولَهُ وَيَسْعَوْنَ فِي الْأَرْضِ فَسَادًا أَنْ يُقَتَّلُوا أَوْ يُصَلَّبُوا أَوْ تُقَطَّعَ أَيْدِيهِمْ وَأَرْجُلُهُمْ مِنْ خِلَافٍ أَوْ يُنْفَوْا مِنَ الْأَرْضِ"(٣). وقال صلى الله عليه وسلم في اللواط: " من وجدتموه يعمل عمل قوم لوط، فاقتلوا الفاعل والمفعول به" (٤) وقال صلى الله عليه وسلم: "العينان تزنيان واليدان تزنيان والرجلان تزنيان والفرج يزني"(٥).

ونظراً لخطورة جريمة الزنا واللواط والقذف على المجتمع فإن الإسلام شدد في وسيلة إثبات ذلك من أجل الستر، قال تعالى:" لَوْلَا جَاءُوا عَلَيْهِ بِأَرْبَعَةِ شُهَدَاءَ"(٦).

---

(١) سورة النور / ٢.

(٢) سورة النور / ٤.

(٣) سورة المائدة / ٣٣.

(٤) أخرجه أبو داود في سننه ٦٠٧/٤، حديث (٤٤٦٢)، كتاب الحدود، دار الحديث بيروت، والترمذي في سننه ٥٧/٤، حديث (١٤٥٦) كتاب الحدود، الطبعة السابقة والإمام أحمد في مسنده، ٣٠٠/١، دار صادر، بيروت.

(٥) أخرجه أحمد والطبراني في الكبير عن ابن مسعود، الجامع الصغير للسيوطي بشرح فيض القدير للمناوي ٣٩٨/٤، حديث (٥٧٥١) صحيح، دار الفكر، ١٩٧٢م.

(٦) سورة النور / ١٣.

٠٣ حق حماية عقل الطفل:

أوجب الإسلام المحافظة على عقل الطفل، ولهذا حرّم كل وسيلة تعطله لأن العقل من نعم الله تعالى على عباده، فبه يهتدي الإنسان لعبادة الله تعالى ويعرف الخير، ويميز بينه وبين الشر ويحلق في ميادين العلم والمعرفة من أجل خدمة الإنسانية كلها.

ولهذا حرم الإسلام تعاطي المخدرات والخمر وكل ما يفسد عقل الإنسان أو يشينه، قال تعالى:" إِنَّمَا الْخَمْرُ وَالْمَيْسِرُ وَالأَنْصَابُ وَالأَزْلاَمُ رِجْسٌ مِنْ عَمَلِ الشَّيْطَانِ فَاجْتَنِبُوهُ لَعَلَّكُمْ تُفْلِحُونَ(٩٠) "[١].

٠٤ حق حماية مال الطفل وكسبه:

أ - للطفل عديم التميز وهو من وُلِد حياً وبقي إلى سن ما قبل السنة السابعة من عمره أهلية وجوب كاملة، فتجب الحقوق له وعليه ولكن وجوبها عليه يختلف عن وجوبها على الشخص كامل الأهلية، بمعنى أن كل حق يمكن أداؤه عنه يجب عليه وما لا يمكن أداؤه عنه لا يجب عليه.

وأما أهلية الأداء فمنعدمة تماماً في حق الطفل عديم التمييز لعدم تمييزه والتمييز بالعقل أساس أهلية الأداء، ولهذا لا يطالب الصبي بأداء شيء بنفسه، وما وجب عليه من حقوق بسبب أهلية الوجوب قام وليه بالأداء عنه فيما تصح النيابة عنه فيه، ولعدم أهلية الأداء لا يترتب على أقواله وتصرفاته أي أثر شرعي فعقوده وتصرفاته باطلة لا يعتد بها.

---

(١) سورة المائدة / ٠٩٠.

ب – وللطفل المميز وهومن بلغ سن السابعة من عمره، وبقي إلى ما قبل سن البلوغ أهلية وجوب كاملة، وأما أهلية الأداء فتثبت له ناقصة لنقصان عقله[1]

وبناء على ما تقدم ذكره يتضح لنا ما يلي:

١. إن الطفل عديم التمييز يكتسب بعض الحقوق كالميراث والوصية والاستحقاق في الوقف لوجود أهلية وجوب كاملة له.

ويجوز للولي أو الوصي أن يقبل الهبة والصدقة والوصية له، لأن فيها نفعاً محضاً له، وهو مأمور بتحقيق ذلك.

٢. إن تصرفات الطفل عديم التمييز الدائرة بين النفع والضرر كالبيع والشراء (لا تجوز مطلقاً لعدم توافر أهلية الأداء عنده، وكذلك لا يجوز من باب أولى التصرفات الضارة به ضرراً محضاً مثل التبرعات.

٣. وتجوز تصرفات الطفل المميز النافعة له نفعاً محضاً.كالتبرعات دون أن تتوقف على إجازة وليه أو وصيه.

٤. ولا تجوز تصرفاته الضارة به ضرراً محضاً كتبرعاته إلى الغير.

٥. وأما تصرفاته الدائرة بين النفع والضرر كالبيع والشراء، فإنها تكون موقوفة على إجازة وليه أو وصيه لنقص أهلية الأداء عنده.

ويتضح لنا مما سبق: أن مال الطفل الذي يؤول إليه بالطرق المشروعة هو مال مشروع، وهو في حاجة إلى الحماية والتنمية.وحمايته تكون بالمحافظة عليه محافظة خاصة، ولهذا فإن الإسلام حرم على وليه أكله ظلماً، قال تعالى:" إِنَّ الَّذِينَ يَأْكُلُونَ أَمْوَالَ الْيَتَامَى ظُلْمًا إِنَّمَا يَأْكُلُونَ فِي بُطُونِهِمْ نَارًا وَسَيَصْلَوْنَ سَعِيرًا(١٠)"[2].

---

(1) انظر: الوجيز في أصول الفقه، عبد الكريم زيدان ص ٩٤ وما بعدها، مؤسسة الرسالة، ١٩٩٤م.

(2) سورة النساء / ١٠.

واليتيم هو طفل لم يبلغ سن الرشد، أي: البلوغ.قال تعالى:" فَإِنْ آنَسْتُمْ مِنْهُمْ رُشْدًا فَادْفَعُوا إِلَيْهِمْ أَمْوَالَهُمْ وَلَا تَأْكُلُوهَا إِسْرَافًا وَبِدَارًا أَنْ يَكْبَرُوا"[1]. وقال رسول الله صلى الله عليه وسلم: "اجتنبوا السبع الموبقات: الشرك بالله والسحر وقتل النفس التي حرم الله إلا بالحق وأكل الربا، وأكل مال اليتيم والتولي يوم الزحف وقذف المحصنات المؤمنات الغافلات " [2].

هذا فضلاً عن الأدلة العامة التي تدل على وجوب المحافظة على المال بشكل عام، ومنها: قوله تعالى:" وَالسَّارِقُ وَالسَّارِقَةُ فَاقْطَعُوا أَيْدِيَهُمَا جَزَاءً بِمَا كَسَبَا نَكَالًا مِنَ اللَّهِ"[3]. وقوله تعالى:" إِنَّمَا جَزَاءُ الَّذِينَ يُحَارِبُونَ اللَّهَ وَرَسُولَهُ وَيَسْعَوْنَ فِي الْأَرْضِ فَسَادًا أَنْ يُقَتَّلُوا أَوْ يُصَلَّبُوا أَوْ تُقَطَّعَ أَيْدِيهِمْ وَأَرْجُلُهُمْ مِنْ خِلَافٍ أَوْ يُنْفَوْا مِنَ الْأَرْضِ "[4]. وقوله صلى الله عليه وسلم:"كل المسلم على المسلم حرام: ماله وعرضه ودمه.. " [5].

وتنمية مال الطفل تكون بالطرق المشروعة، وفي مقدمتها الاتجار بمال اليتيم حتى لا تأكله الصدقة، أو النفقة وفي هذا المعنى الحديث الذي رواه عمرو بن شعيب عن أبيه عن جده أن النبي صلى الله عليه وسلمخطب الناس، فقال:" ألا من ولي يتيماً له مال، فليتجر فيه، ولا يتركه حتى تأكله الصدقة " [6].

---

[1] سورة النساء / ٦.

[2] متفق عليه، مختصر صحيح مسلم للمنذري، ص١٨ - ١٩ حديث (٤٧) (مصدر سابق) والبخاري في صحيحه ١٠١٧/٣، كتاب الوصايا حديث (٢٦١٥)، دار ابن كثير، اليمامة، بيروت،ط٣، ١٩٨٧م، تحقيق: مصطفى البغا.

[3] سورة المائدة / ٣٨.

[4] سورة المائدة / ٣٣.

[5]أخرجه أبو داود وابن ماجة حديث صحيح، الجامع الصغير بشرح فيض القدير١١/٥، ط٢، ١٩٧٢م، دار الفكر،بيروت.

[6] أخرجه الترمذي في صحيحه ٣٢/٣ حديث (٦٤١)، كتاب الزكاة، باب ما جاء في زكاة مال اليتيم، دار إحياء التراث العربي، بيروت، تحقيق أحمد محمد شاكر وآخرين.

حق حماية حياة لطفل وعرضه وعقلة وماله في القانون الدولي:

نصت الوثائق الدولية على ما يلي:[1]

جاء في الإعلان العالمي لحقوق الإنسان نص المواد التالية:

المادة (٣) " لكل فرد الحق في الحياة ولحرية وسلامة شخصه " .

المادة (٦) " لكل إنسان أينما وجد أن يعترف بشخصيته القانونية:

وجاء في الاتفاقية الدولية للحقوق المدنية والسياسية نص المادتين التاليتين:

المادة (٩) " لكل فرد حق في الحرية وفي الأمان على شخصه "

والمادة (١٧) " لا يجوز التدخل بشكل تعسفي، أو غير قانوني بخصوصيات أحد أو بعائلته، أو بيته، أو مراسلاته، كما لا يجوز التدخل بشكل غير قانوني بشرفه وسمعته".

والمادة (٦) فقرة (١) " الحق في الحياة حق ملازم لكل إنسان، وعلى القانون أن يحمي هذا الحق، ولا يجوز حرمان أحد من حياته تعسفاً".

وفقرة (٥) " لا يجوز الحكم بعقوبة الإعدام على جرائم ارتكبها أشخاص دون الثامنة عشرة من العمر، ولا تنفذ هذه العقوبة بالحوامل".

ويتضح من نصوص هذه المواد أن القانون الدولي يعمل على حماية حياة الطفل وعرضه وعقله وماله وفق ما يلي:

١. إنه منح الطفل الشخصية القانونية، وهي معيار تمتعه بالحقوق وتمييزه عن المخلوقات الأخرى، كالحيوانات والنباتات. وهذه الشخصية القانونية تعترف

[1] انظر: قانون حقوق الإنسان في الفكر الوضعي والشريعة الإسلامية، عبدالواحد محمد الفار ص ٢٨٨، ٢٩٦، دار النهضة العربية مطبعة جامعة القاهرة، ١٩٩١م.والقانون الدولي العام، علي صادق وتشريعات حماية الطفولة، حسني نصار ص ٦٢-٦٣.

له بمولده واسمه ونسبه وجنسيته، وهي الأسس التي يقوم عليها وجوده القانوني، وبها تتميز شخصيته عن غيره من الأشخاص داخل بلده وخارجه.

٠٢ إن حق الطفل في الحياة يبدأ منذ تكوينه في بطن أمه.

٠٣ أنه يحمي هذا الحق ويتكفل ببقائه ونموه وحفظه من أي خطر قد يهدده مستقبلاً.

٠٤ إنه يقرر الحق في حماية عرضه وعقله وماله٠

٠٥ يقرر المحافظة على الجنين من الهلاك.

ومما يعزز حماية الطفل بشكل عام ما أوصت به مبادئ إعلان حقوق الطفل في مبادئها على النحو التالي:

٠١ توفير الحماية الخاصة والمناسبة والفرص والتسهيلات القانونية اللازمة للطفل لإتاحة نموه الجسمي والعقلي والخلقي والروحي والاجتماعي نمواً طبيعياً (المبدأ الثاني من الإعلان)٠

٠٢ حظر استرقاق الطفل، والاتجار به بأية صورة من صور الرق، أوالعادات الشبيهة بالرق (المبدأ التاسع عشر - الفقرة الأولى).

٠٣ حماية الطفل من جميع الإهمال والقسوة والاستغلال.

ويعتبر من هذه الصور، تشغيل الطفل في أعمال لا تتناسب واحتماله البدني أو طاقته الذهنية، سواء من حيث نوع العمل أو حجمه أو زمانه أو مكانه، كالعمل ليلاً أو في أماكن نائية أو مهجورة أو مقفرة، أو تشغيله في أعمال غير لائقة أو تنافي الأخلاق كالعمل في الحانات والمواخير، والمراقص والنوادي الليلية، وكذلك أعمال السخرة على اختلاف صورها، أو ابتزاز أجره أو عدم إعطائه الأجر العادل المناسب لعمله.

٠٤ حظر استخدام الطفل قبل بلوغه السن الأدنى الملائمة، أو حمله على العمل، أو تركه يلحق بعمل يؤذي صحته، أو يعرقل نموه الجسمي أو الأدبي أو يتعارض مع حاجته إلى التعليم.

وهذه الصور الأخيرة وردت في المبدأ التاسع من الإعلان.

٠٥ حظر فصل الطفل عن والدته إلا في الظروف الاستثنائية[١] .

ثالثاً: احترام الطفل وحماية كرامته الإنسانية في الإسلام والقانون الدولي:

حق احترام الطفل وحماية كرامته الإنسانية في الإسلام.

للطفل في الإسلام كرامة مصانة يجب احترامها شأنه في ذلك كشأن الرجل والمرأة، قال تعالى: وَلَقَدْ كَرَّمْنَابَنِي آَدَمَ وَحَمَلْنَاهُمْ فِي الْبَرِّ وَالْبَحْرِ وَرَزَقْنَاهُمْ مِنَ الطَّيِّبَاتِ وَفَضَّلْنَاهُمْ عَلَى كَثِيرٍ مِمَّنْ خَلَقْنَا تَفْضِيلًا(٧٠) "[٢]. **وقال تعالى:**" وَإِذْ قُلْنَا لِلْمَلَائِكَةِ اسْجُدُوا لِآَدَمَ فَسَجَدُوا إِلَّا إِبْلِيسَ أَبَى وَاسْتَكْبَرَ وَكَانَ مِنَ الْكَافِرِينَ(٣٤) "[٣]. وروي أن جنازة مرت بالنبي صلى الله عليه وسلم فقام فقيل له: "**إنها جنازة يهودي، فقال أليست نفساً** "[٤] .

---

(١) تشريعات حماية الطفولة، حسني نصار، ص ٧١ - ٧٢.

(٢) سورة الإسراء / ٧٠.

(٣) سورة البقرة / ٣٤.

(٤) أخرجه البخاري في صحيحه ٢٣١/٣، حديث (١٣٢١)، كتاب الجنائز، مرجع سابق ومسلم في صحيحه ٢٦/٧، حديث (٩٦١)، كتاب الجنائز، مرجع سابق.

ولتحقيق احترام الطفل وحماية كرامته الإنسانية وسائل، منها:

أ - احترام إنسانيته وكرامته الإنسانية ويتحقق بوسائل منها:

٠١ الإحسان إليه بالمعاملة الحسنة، لإدخال السرور في قلبه.

٠٢ الإحسان إليه بالإنفاق عليه في حدود الاستطاعة، ويكون بتقديم الملابس الجديدة في المناسبات الشرعية كالأعياد الدينية، وكذا تقديم الألعاب المسلية ليشغل الفراغ.

ب - تحريم كل وسيلة تهين كرامته:

٠١ تخويفه، قال صلى الله عليه وسلم:" لا يحل لمسلم أن يروع مسلماً"[١].

٠٢ تعذيبه،قال صلى الله عليه وسلم:" إن الله يعذب الذين يعذبون الناس في الدنيا"[٢].

٠٣ سبه، قال صلى الله عليه وسلم:" سباب المسلم وقتاله كفر "[٣].

٠٤ ضربه إلا من باب التأديب المشروع.قال صلى الله عليه وسلم:"ظهر المؤمن حمي إلا بحقه"[٤].

حق احترام الطفل وحماية كرامته الإنسانية في القانون الدولي:

جاء في الإعلان العالمي لحقوق الإنسان نص المواد التالية:[٥].

٠١ المادة (١) "يولد جميع الناس أحراراً متساوين في الكرامة والحقوق ".

٠٢ المادة (٥) "لا يعرض أي إنسان للتعذيب، ولا للعقوبات أو المعاملات القاسية، أو الوحشية، أو المحطة بالكرامة".

---

(١) أخرجه أبو داود في سننه ٢٧٣/٥، حديث (٥٠٠٤)، كتاب الأدب، مرجع سابق والإمام أحمد في مسنده،٣٦٢/٥، دار صادر، بيروت.

(٢) أخرجه مسلم في صحيحه ١٢٨/١٦، حديث (٢٦١٣)كتاب البر والصلة والآداب، دار الخير، بيروت، دمشق،ط١.

(٣) أخرجه البخاري في صحيحه ٥٦٨/١٠ حديث (٦٠٤٤) ومسلم في صحيحه ٢٤١/٢ حديث ٦٤، كتاب الإيمان، مرجع سابق.

(٤) الطبراني في المعجم الكبير، ١٨٠/١٧، حديث (٤٧٦)، مطبعة دار الزهراء الحديثة، ط٢.

(٥) القانون الدولي العام، ص٩٩٦، وتشريعات حماية الطفولة ص ٦٢-٦٣.

٠٣ المادة (٤) " لا يجوز استرقاق أو استعباد أي شخص، ويحظر الاسترقاق، وتجارة الرقيق بكافة أوضاعها " ٠

ويتضح من نص هذه المواد ما يلي:

أ - أن القانون الدولي يقرر حق الطفل في الكرامة والاحترام، شأنه في ذلك كشأن الرجل والمرأة ٠

ب - عدم مشروعية تعذيب الطفل.

ج - عدم مشروعية إيقاع عقوبات قاسية عليه.

د - لا يجوز معاملته معاملة قاسية أو وحشية. أو إلحاق أي شيء به يحط من كرامته.

هـ- عدم مشروعية استرقاقه أو استعباده أو الاتجار به، لأن هذه المعاملة تحط من كرامته٠

ومما يؤكد احترام الطفل وحماية كرامته ما ورد في البند الثاني من مبادئ حقوق الطفل الذي أصدرته الهيئة العامة للأمم المتحدة، ونصه " يجب أن يكون للطفل حق التمتع بوقاية خاصة أن تتاح له الفرص والوسائل، وفقاً لأحكام القانون وغير ذلك، لكي ينشأ من النواحي البدنية والروحية والاجتماعية على غرار طبيعي، وفي ظروف تتسم بالحرية والكرامة، وفي سبيل تنفيذ أحكام القانون في هذا الشأن يجب أن يكون الاعتبار الأعظم لمصالح الطفل"[1].

وما ورد في المبدأ التاسع من هذه المبادئ:" يجب ضمان الوقاية للطفل من كافة ضروب الإهمال والقسوة والاستغلال، وينبغي أيضاً ألا يكون معرضاً للاتجار بأية وسيلة من الوسائل"[2].

---

[1] حقوق الطفل، جان شازال، ترجمة ميشال أبي فاضل، ١٤-١٩، دار عويدات، بيروت، باريس، ١٩٨٣ م.
[2] نفس المرجع السابق ص١٥٠

رابعاً: حق تربية الطفل في الإسلام والقانون الدولي:

حق تربية الطفل في الإسلام:

تربية الطفل في الإسلام حق من حقوقه الأساسية التي يجب على الوالدين القيام بها خير قيام وفق مبادئ الإسلام، استجابة لقوله عليه السلام:" كلكم راعٍ وكلكم مسؤول عن رعيته، الإمام راع، ومسؤول عن رعيته، والرجل راعٍ في أهله، وهو مسؤول عن رعيته"[1].

وإن هذا الطفل لفي أمس الحاجة إلى تربية صحيحة، لأنه يولد، وهو لا يعلم شيئاً، قال تعالى:" وَاللَّهُ أَخْرَجَكُمْ مِنْ بُطُونِ أُمَّهَاتِكُمْ لَا تَعْلَمُونَ شَيْئًا وَجَعَلَ لَكُمُ السَّمْعَ وَالْأَبْصَارَ وَالْأَفْئِدَةَ لَعَلَّكُمْ تَشْكُرُونَ(٧٨) "[2].

وهو يولد على الفطرة المستقيمة، قال تعالى:" فَأَقِمْ وَجْهَكَ لِلدِّينِ حَنِيفًا فِطْرَةَ اللَّهِ الَّتِي فَطَرَ النَّاسَ عَلَيْهَا لَا تَبْدِيلَ لِخَلْقِ اللَّهِ ذَلِكَ الدِّينُ الْقَيِّمُ وَلَكِنَّ أَكْثَرَ النَّاسِ لَا يَعْلَمُونَ(٣٠) "[3].

وعن أبي هريرة قال:" ما من مولود إلا ويولد على الفطرة، فأبواه يهودانه، أو ينصرانه، أو يمجسانه، كما تنتج البهيمة بهيمة جمعاء، هل تحسون فيها من جدعاء "[4].

والتربية الصالحة للطفل هي التي تستمد أسسها من منهج الخالق الذي خلق الإنسان، فأحسن خلقته، لا من منهج المخلوق الذي لا يعلم من التربية إلا

---

(1) أخرجه البخاري في صحيحه ٣٠٤/١حديث(٨٥٣)،باب الجمعة في القرى والمدن،دار ابن كثير، بيروت،١٩٨٧م

(2) سورة النحل / ٧٨.

(3) سورة الروم / ٣٠.

(4) أخرجه البخاري في صحيحه ١٧٩٢/٤، حديث (٤٤٩٧)، دار ابن كثير، بيروت، ١٩٨٧م.

الشيء القليل الذي لا يصلح الإنسان، كما يريد الله سبحانه وتعالى.و الله سبحانه وتعالى هو الذي يعلم بما يصلحه، قال تعالى :أَلَا يَعْلَمُ مَنْ خَلَقَ وَهُوَ اللَّطِيفُ الْخَبِيرُ (١٤)"[١] **وقال تعالى:**يَعْلَمُ خَائِنَةَ الْأَعْيُنِ وَمَا تُخْفِي الصُّدُورُ(١٩) "[٢].

والتربية المستمدة من منهج الخالق أنواع: [٣]

النوع الأول: التربية الجسمية.

وتتحقق بوسائل أهمها:

٠١ العناية بحسن اختيار الأم وكذا باختيار الأب من الناحية الصحية.

٠٢ العناية بصحة الحامل وحسن تغذيتها قبل الولادة.

٠٣ العناية بالطفل عند ولادته بالرضاعة الطبيعية إن أمكن.

٠٤ العناية بالطفل أثناء فترة الحضانة.

٠٥ العناية بجسم الطفل وتقويته.

٠٦ تعويده الخشونة بقدر الإمكان وإبعاده عن مواطن الدلع.

٠٧ إبعاده عن العادات السيئة التي تؤثر على صحته كظاهرة التدخين.

٠٨ مراعاة الاستفادة من الخدمات الصحية التي تخدم الطفل في الميادين النافعة كافة.

---

(١) سورة الملك / ١٤.

(٢) سورة غافر / ١٩.

(٣)راجع تربية الأولاد في الإسلام، د٠ محمد عقلة ص ٨٦ وما بعدها، مكتبة الرسالة الحديثة، عمان، الأردن، ١٩٩٠ م.وفيه تفصيل لهذه الأنواع الخمس.

النوع الثاني: التربية الاجتماعية:

وتتحقق بوسائل أهمها:

٠١ قيام الأسرة بواجبها في عملية التوجيه والتأثير على الطفل.

٠٢ تعليم الطفل كيفية التعامل مع الآخرين.

٠٣ عناية الإسلام بإقامة العلاقات الأسرية بين الزوج والزوجة على أسس متينة.

٠٤ التغلب على مشكلة تلبية حاجات الطفولة المتعلقة بالنضج الاجتماعي.

٠٥ إعطاء الطفل حقه من اللعب واللهو البريء لملء فراغه ٠

٠٦ غرس بعض القيم التي لا غنى عنها لأي عضو في المجتمع الإسلامي كالمساواة بين الأطفال والناس جميعاً وكذا التعاون والعدل.

النوع الثالث: التربية العقلية:

وتتحقق بالتعليم والمحافظة على عقله، بمنع كل ما يفسده من تعاطي المخدرات والخمور وأكل المحرمات.

النوع الرابع: التربية الإيمانية والروحية والأخلاقية:

وتتحقق بوسائل أهمها:

٠١ غرس الإيمان بالله سبحانه وتعالى وخوفه وخشيته ومراقبته وما يترتب عليها من صفات، باعتبار العقيدة أساس السلوك الإنساني.

ولهذا أمر الإسلام باختيار الزوجة الصالحة والزوج الصالح.ونهى عن الزواج بالمرأة المشركة واعتبر الزواج بالمرأة الكتابية خلاف الأولى وحرم الزواج بالمرأة الزانية والرجل الزاني إن لم يتوبا إلى الله تعالى.

٠٢ عناية الإسلام بنقاء النطفة والبعد بها عن التلوث، فتعهدها بالطهارة ولهذا أمر المسلم بأكل الحلال وحرّم أكل الحرام.

وبعد ولادة الطفل سن أموراً لها علاقة بالتربية الإيمانية والروحية والخلقية، منها مشروعية الأذان في أذنه اليمنى والإقامة في أذنه اليسرى ٠

٠٣ التوجيه الديني للطفل منذ نعومة أظفاره وذلك بأن تكون كلمة التوحيد هي أول ما ينطق به لسانه.

٠٤ تعليم الطفل تلاوة القرآن الكريم وتدبر معانيه،والتركيز على الآيات التي تدل على وجود الله تعالى وتعريفه بآيات الكون.

٠٥ تعليم الطفل الصلاة عندما يبلغ سن سبع سنوات.

٠٦ تعليمه سيرة الرسول صلى الله عليه وسلم.

٠٧ تعليمه بالقصص الإسلامية التي تدل على التضحية والبطولات.

٠٨ تعليمه الغيرة على محارم الله تعالى.

٠٩ غرس الأخلاق الفاضلة فيه، كالصدق والأمانة والإخلاص والوفاء بالعهد.. الخ

٠١٠ تعليمه أحكام الدين وتعاليمه في حدود استيعابه لها بأن يعرف الحلال والحرام.

٠١١ تعريفه كيفية الجلوس والتأدب مع الآخرين وخاصة من هم أكبر منه سناً.

٠١٢ تعريفه آداب المسكن ومن ذلك الاستئذان ٠

٠١٣ تعريف الطفلة أدب الحشمة وتعويدها على اللباس الشرعي شيئاً فشيئاً.

٠١٤ عدم إظهار زينة المرأة للطفل.

٠١٥ التفريق بين الأبناء في المضاجع.

٠١٦ تعليم أدب الجنس عملياً من خلال ما يراه من احتشام في بيته.

النوع الخامس: التربية النفسية:

وتتحقق بأهم الوسائل التالية:

٠١ اشتراط التكافؤ بين الزوجين عند الاختيار للزواج.

٠٢ إظهار المودة والرحمة والألفة والسكن بين الزوجين حتى يتأثر بها الطفل.

٠٣ أن يتعامل الأم والأب بصراحة وصدق، وأن يكونا قدوة له في الأفعال والأقوال.

٠٤ سن العقيقة التي دعا الإسلام إلى إقامتها لإطعام الأهل والأقارب والفقراء عند قدوم مولود جديد ذكراً أو أنثى لما لها من أثر نفسي على الطفل.

٠٥ تحقيق التوازن النفسي للطفل وذلك بالملاءمة بين قيمه الموروثة وفكر العصر.

٠٦ إعطاء الطفل القدر الكافي من الحب والحنان والرعاية دون زيادة أو نقصان ٠

٠٧ تجنب بعض الأخطاء التي قد تصدر من بعض الآباء والأمهات كظاهرة تخويف الطفل.

حق تربية الطفل في القانون الدولي:

٠١ جاء في الإعلان العالمي لحقوق الإنسان:[١]

نص المادة السادسة والعشرين:

فقرة (٣) للآباء الحق الأول في اختيار نوع تربية أولادهـم، وفقـرة (٢) يجـب أن تهدف التربية إلى إنماء شخصية الإنسان إنمـاءً كاملاً وإلى تعزيـز احـترام حقـوق الإنسان والحريات الأساسية وتنمية التفاهم والتسامح والصداقة بين جميع الشعوب والجماعات العنصرية أو الدينية وإلى زيادة مجهود الأمم المتحدة لحفظ السلام.

---

(١) القانون الدولي العام ص ١٠٠١ ٠

٠٢ كما جاء في مبادئ إعلان حقوق الطفل [1]

المبدأ الرابع: يجب أن يتاح للطفل التمتع بمزايا الأمن الاجتماعي، وأن يكون له الحق في أن ينشأ وينمو في صحة وعافية، وتحقيقاً لهذا الهدف يجب أن تمنح الرعاية والوقاية له ولأمه قبل ولادته وبعدها.

وينبغي أن يكون للطفل الحق في التغذية الكافية والمأوى والرياضة والعناية الطبية.

المبدأ الخامس: يجب توفير العلاج الخاص والتربية والرعاية التي تقتضيها حالة الطفل المصاب بعجز بسبب إحدى العاهات.

المبدأ السادس: ولكي تكون للطفل شخصية كاملة متناسقة يجب أن يحظى قدر الإمكان بالمحبة والتفهم، كما يجب أن ينمو تحت رعاية والديه ومسؤوليتهما، وعلى كل حال في جو من الحنان، يكفل له الأمن من الناحيتين: المادية والأدبية. ويجب ألا يفصل الطفل عن والديه في مستهل حياته إلا في حالات استثنائية، وعلى المجتمع والسلطات العامة أن تكفل المعونة الكافية للأطفال المحرومين من رعاية الأسرة ولأولئك الذين ليست لديهم وسائل رغد العيش، ومما يجدر تحقيقه أن تتولى الدولة والهيئات المختصة الأخرى بذل المعونة المالية التي تكفل إعالة أبناء الأسر الكبيرة العدد.

٠٤المبدأ السابع: (... ومن الواجب أن تتاح للطفل فرصة للترفيه عن نفسه باللعب والرياضة اللذين يجب أن يستهدف نفس الغاية التي يرمي التعليم والتربية إلى بلوغها، وعلى المجتمع والذين يتولون السلطات العامة أن يعملوا على إتاحة الاستمتاع الكامل بهذا الحق للطفل..) .

---

[1] حقوق الطفل، جان شازال، ترجمة ميشال أبي فاضل ص ١٤ – ١٦

٠٥ المبدأ العاشر: (...وللوالدين حقوق على أطفالهم، ولا سيما بتأمين مراقبة سلوكهم، وإعدادهم الذهني والأدبي على السواء، وفي النطاق المدني بالتزاماتهم وارتباطاتهم التي تنشأ عن سلوكهم)٠

خامساً: حق العدل والمساواة بين الأطفال في الإسلام والقانون الدولي:

حق العدل والمساواة بين الأطفال في الإسلام:

شرع الإسلام العدل وأوجبه بين الناس جميعاً سواء أكانوا رجالاً أم نساء أم أطفالاً، لأن العدل ميزان التقوى، هو أساس الملك ٠

قال الله تعالى:" وَلَا يَجْرِمَنَّكُمْ شَنَآنُ قَوْمٍ عَلَى أَلَّا تَعْدِلُوا اعْدِلُوا هُوَ أَقْرَبُ لِلتَّقْوَى" [1]. وقال تعالى:" وَإِذَا قُلْتُمْ فَاعْدِلُوا وَلَوْ كَانَ ذَا قُرْبَى" [2] **وقال تعالى:** " وَإِذَا حَكَمْتُمْ بَيْنَ النَّاسِ أَنْ تَحْكُمُوا بِالْعَدْلِ" [3].

وبناء على ما تقدم، فيجب على رب الأسرة أن يعدل بين أطفاله، ومن مظاهر هذا العدل المساواة بين الأطفال (سواء أكانوا ذكوراً أم إناثاً) في الأمور التالية:

أ - المعاملة الحسنة.

ب - المسكن والمأكل والمشرب والملبس، والعلاج.

ج - التعليم.

د - التربية.

هـ - العطية.

---

(1) سورة المائدة / ٨.

(2) سورة الأنعام /١٥٢.

(3) سورة النساء / ٥٨.

وأما الميراث فالعدل بين الإناث والذكور يعني تحكيم شرع الله فيه لا المساواة لأن المساواة في ذلك يورث الظلم والظلم مدفوع شرعاً، قال تعالى: "وَمَنْ يَتَعَدَّ حُدُودَ اللَّهِ فَقَدْ ظَلَمَ نَفْسَهُ"[1]. وقال تعالى:" فَأَنْزَلْنَا عَلَى الَّذِينَ ظَلَمُوا رِجْزًا مِنَ السَّمَاءِ"[2]. وقال تعالى: وَلَقَدْ أَهْلَكْنَا الْقُرُونَ مِنْ قَبْلِكُمْ لَمَّا ظَلَمُوا "[3]. وقال تعالى:" وَسَيَعْلَمُ الَّذِينَ ظَلَمُوا أَيَّ مُنْقَلَبٍ يَنْقَلِبُونَ(٢٢٧) "[4]. وغير ذلك من أدلة كثيرة.

حق العدل والمساواة بين الأطفال في القانون الدولي[5]:

جاء في الإعلان العالمي لحقوق الإنسان النص على ما يلي:

٠١ المادة (١) "يولد جميع الناس أحراراً متساوين في الكرامة والحقوق ..." وقد تقدم ذكر ذلك.

٠٢ المادة (٢) لكل إنسان حق التمتع بكافة الحقوق والحريات الواردة في هذا الإعلان، دون أي تمييز مثلاً من حيث الجنس، أو اللون، أو اللغة، أو الدين والرأي السياسي، أو أي رأي آخر، أو الأصل الوطني، أو الاجتماعي، أو الثروة، أو البلاد، أو أي وضع آخر، ودون أي تفرقة بين الرجال والنساء".

---

(١) سورة الطلاق / ١.

(٢) سورة البقرة / ٥٩.

(٣) سورة يونس / ١٣.

(٤) سورة الشعراء / ٢٢٧.

(٥) القانون الدولي العام، مرجع سابق ص ٩٩٦ - ٩٩٧، ١٠٠٠.

" وفضلاً عما تقدم فلن يكون هناك أي تمييز أساسه الوضع السياسي، أو القانوني، أو الدولي للبلد، أو البقعة التي ينتمي إليها الفرد، سواء أكان هذا البلد، أو تلك البقعة مستقلاً أو تحت الوصايا أو غير متمتع بالحكم الذاتي، أو كانت قيادته خاضعة لقيد ما ".

٠٣ المادة (٧) " كل الناس سواسية أمام القانون، ولهم الحق في التمتع بحماية متكافئة دون تفرقة، كما أن لهم جميعاً الحق في حماية متساوية ضد أي تمييز يخل بهذا الإعلان، وضد أي تحريض على تمييز كهذا ".

٠٤ المادة (٨) " لكل شخص الحق في أن يلجأ إلى المحاكم الوطنية المختصة لإنصافه من أعمال فيها اعتداء على الحقوق الأساسية التي يمنحها له الدستور أو القانون ".

٠٥ المادة (١٠) " لكل إنسان الحق على قدم المساواة في أن تنظر قضيته أمام محكمة مستقلة نزيهة نظراً عادلاً سواء أكان ذلك للفصل في حقوقه أم التزاماته أم الاتهامات الجنائية الموجهة إليه ".

وهذه الأحكام الواردة في هذه المواد يقررها القانون الدولي لكل فرد سواء أكان رجلاً أم امرأة أم طفلاً وهذا يستفاد من تكرار ما نص عليه القانون " لكل إنسان " وهذا يشمل الذكر والأنثى والبالغ والطفل.

وهو ما نص عليه إعلان حقوق الطفل في الديباجة.

في المبدأ الأول: " يجب أن يتمتع الطفل بكافة الحقوق الواردة في هذا الإعلان، يحق لكل الأطفال التمتع بهذه الحقوق، دون أي استثناء أو تمييز بسبب العنصر، أو اللون، أو الجنس، أو اللغة، أو الدين، أو الرأي السياسي، أو أي: رأي آخر، أو الأصل أوالثروة، أو الميلاد، أو أي وضع آخر له ولأسرته"(١).

(١) حقوق الطفل، جان شازال، ترجمة ميشال أبي فاضل، ص ١٣، دار عويدات، بيروت، ط١، ١٩٨٣ م.

وقد أشار في المبدأ السابع إلى تحقيق تكافؤ الفرص بين الأطفال في التعليم وساوى بينهم في المبدأ الثاني في التمتع بالحماية الخاصة المناسبة وبالفرص والتسهيلات القانونية وغيرها اللازمة لإتاحة نمو الطفل الجسمي والعقلي والخلقي والروحي والاجتماعي نمواً طبيعياً سليماً وحراً كريماً.

هذا فضلاً عن أنّ الإعلان قد ندد بالأساليب التي تدعو إلى التمييز بسبب اللون أو الدين أو غيرهما[1].

سادساً: حق الحريات في الإسلام والقانون الدولي:

١- حق حرية العقيدة والعبادة في الإسلام والقانون الدولي:

حق حرية العقيدة والعبادة في الإسلام:[2]

للعقيدة والعبادة دور كبير في حياة الإنسان العامة والطفل خاصة وبالعقيدة والعبادة والتعليم تشكل عقلية الطفل في الإسلام وتعدو أهمية العقيدة والعبادة بالنسبة للطفل، باعتبارهما من الأمور التي تقصر عنها مداركه، ولا يكون لإرادته واختياره، أي دور فيهما عندما ترى عيناه نور الحياة، وإنما هو يلقنها من أبويه أو أقاربه وفي بيئته عموماً كأمر مفروض عليه وعن طريق التلقين، ثم التدرج في ممارسة شعائر دينه يتوثق الرباط بينه وبين عقيدته التي تعزز روحه وتصقل فكره بتعاليمها، وترسخ في وعيه ظاهراً وباطناً بدرجات متفاوتة وفقاً لاستعداده الذهني والنفسي والسلوكي العقائدي والتربوي والبيئي.

والسؤال الذي يطرح نفسه، كيف نفسر حرية العقيدة والعبادة بالنسبة للطفل في الوقت الذي لا إرادة له في اختيارها ؟

---

(1) تشريعات حماية الطفولة، حسني نصار، ص ٦٨ - ٦٩.

(2) راجع تشريعات حماية الطفولة، حسني نصار، الاسكندرية، ص ٤١ وما بعدها .

للإجابة عن ذلك من وجوه عدة:

الوجه الأول: أن تفسير ذلك على افتراض أن الطفل يتبع عقيدة أبيه وعبادته وإن رضاءه بعد ذلك بعقيدته واعتناقه لها يرجع بأثره إلى وقت ولادته.

الوجه الثاني: إن تفسير ذلك على أساس أن حق الطفل في اختيار عقيدته لا ينفصل عن حق أسرته أو أبويه، أو أبيه آخر الأمر، وإن هذا الحق إذا لم يكن تبعياً بالضرورة، فإنه يعتبر جزءاً من الحق العائلي في توارث عقيدتها، يباشره عنه رب العائلة، فحرية العقيدة هنا يمكن أن توصف بأنها حرية متوارثة، أو بالأحرى هي حق مشترك بين الطفل وأسرته.

الوجه الثالث: إن تفسير ذلك على أساس أن حق الطفل يظل خلال طفولته مقصوراً على مصلحته في الانتماء إلى عقيدة معينة تربطه بخالقه وتوقفه على أصل الوجود وتزوده بالإدراك والمعرفة بذاته بالقياس إلى الخلائق، وما يربطهم بخالقهم العظيم، وإن عقيدة أبيه هي أولى العقائد بالانتماء إليها حتى يبلغ رشده وتكتمل مداركه، ولا يعقل أن ينتمي الطفل إلى عقيدة غير عقيدة أبيه، وعندئذ يكون من حق هذا الأب، بل من واجبه أن يغرس في نفسه مضمون هذا الانتماء إلى أن يستطيع الطفل استيعاب هذا المضمون بفكره وروحه، وتكون له عندما تكتمل لديه حاسة التمييز فكراً وروحاً إرادة معبرة في إجازة العقيدة والتجاوب مع تعاليمها والاقتناع التدريجي بها، ثم اعتناقها مبدأ وعقيدة وديناً، وعندئذ يتحول من مجرد فرد منتمي إلى عقيدة أبيه.

وهذا التفسير هو أقرب التفاسير إلى الأساس القانوني السليم .

وإذا كان الطفل لقيطاً، لا يُعرف أبوه، أو أبواه، فقد يثور السؤال حول تحديد عقيدته وعبادته، نتيجة لعدم ثبوت نسب الطفل من أب معلوم ؟

والجواب عن ذلك: فإن عقيدته وعبادته تتحددان بالعقيدة الغالبة في أهل الحي، أو البلد الذي عثر عليه فيه.وهذا هو حكم الشريعة الإسلامية[1]

وإذا كان الأبوان غير مسلمين، وغيّر الأب دينه للإسلام، فإن الجنين، أو الطفل الوليد، أو الصبي غير المميز، يتبع الأب في عقيدته الإسلامية الجديدة، أما الصبي المميز، فيسأل عن اختياره، ويؤخذ بما يختار.

وإذا كان الأبوان مسلمين، وغيّر دينه إلى غير الإسلام، فإنه يعتبر مرتداً، والارتداد كفر، لا يجوز أن يعاقب به الجنين أو الطفل أو الصبي مميزاً أو غير مميز، ولذا فإنه يبقى على الإسلام، ويفرق بين الزوجين عملاً بقواعد الشرع الواجب تطبيقها في هذا الشأن ٠

وإذا كان الطفل مجهول الأب ومعلوم الأم ووجد في بلد إسلامي وكانت أمه غير مسلمة، فترجح تبعية الطفل إلى العقيدة الغالبة في البيئة أو البلد الذي ولد فيه إلا إذا كان مولوداً من سفاح، فيتبع عقيدة الأم وعبادتها عملاً بالقاعدة الشرعية التي تقضي بأن ولد الزنا يلحق بأمه.وكذلك إذا أخبرت الأم عن أبيه وكان غير مسلم وتحقق نسب الطفل منه ولو لم يكن الأب موجوداً، أو محقق الوجود، ففي هذه الحالة يتبع الطفل دين الأب وبالعكس إذا كانت الأم مسلمة وفي بلد غير إسلامي، فيؤخذ بإقرارها إن كان مسلماً، أو غير مسلم، ويتبع الطفل دين أبيه في الحالتين.

وأخيراً إذا كان الطفل مجهول الأبوين كليهما، فإنه يتبع الدين الغالب في البلد الذي عثر عليه فيه[2] كما تقدم ذكره آنفاً.

---

(1) راجع تشريعات حماية الطفولة، حسني نصار، الاسكندرية ، ص ٤٢-٤٣.

(2) المرجع نفسه، ص ٤٤.

حق حرية العقيدة والعبادة في القانون الدولي:

جاء في مبادئ إعلان حقوق الطفل الذي تبنته الجمعية العامة للأمم المتحدة في ٢٠ تشرين الثاني عام ١٩٥٩م، في (الديباجة):" بما أن الأمم المتحدة في الإعلان العالمي لحقوق الإنسان قد أكدت أن لكل إنسان حق التمتع بكافة الحقوق والحريات الواردة في ذلك الإعلان دون أي تمييز بسبب العنصر، أو اللون، أو الجنس أو اللغة، أو الدين، أو الرأي السياسي، أو أي راي آخر، أو الأصل، أو الثروة، أو الميلاد، أو أي وضع آخر "٠

فهذا النص قد أشار إلى وجوب تمتع الطفل بالحقوق والحريات المقررة فيه، ولكن بالنظر إلى المبادئ العشرة التي وردت فيه، يتضح ما يلي:[1]

٠١ إن هذه المبادئ كلها لم تشر إلى مضمون هذه الحريات، وصور ممارستها بالنسبة للطفل.

٠٢ ولهذا فإن واضعي هذه المبادئ لم يفصحوا عن حرية العقيدة والعبادة للطفل ولا لغيرها من الحريات الأخرى التي نص عليها الإعلان العالمي لحقوق الإنسان.

٠٣ والظاهر أن واضعي الإعلان تحرجوا من تحديد الحرية بالنسبة للطفل، إزاء ما تصوره من قصوره عن ممارستها، مكتفين بالإشارة إليها في الديباجة، وهذا إذا كان مقبولاً بالنسبة للطفل عديم التمييز، فهو غير مقبول بالنسبة للطفل المميز أو الطفل الذي اقترب من البلوغ، خاصة وأن الإعلان لم يحدد مرحلة الطفولة تحديداً زمنياً بسن معينة، أو تحديداً موضوعياً بالأعراض الفسيولوجية المتصلة بنمو الطفل الجسمي والعقلي.

([1]) تشريعات حماية الطفولة، عباس حسني، ص ٦٧ - ٦٨.

" كذلك فإن ربط معنى الحرية بممارستها، أو القدرة على هذه الممارسة، ليس أمراً مطلقاً، ذلك أن فهم معنى الحرية، قد يرتبط بممارستها بصورة إيجابية ليس أمراً مطلقاً، ذلك أن فهم معنى الحرية، قد يرتبط بممارستها بصورة إيجابية، وقد يرتبط بصورتها السلبية التي تعني عدم الاعتداء عليها، ويعبر عنها بالحرمة،مثل حرمة المساكن والرسائل ٠٠٠ الخ فسلامة الطفل وأمنه وعدم الاعتداء على شخصه أو حجب تفكيره، أو انطلاقه الفكري، أو التدخل لتحريف عقيدته، أو عزله عن مجتمعه أو حبسه، أو توجيهه توجيهاً ينافي حريته كمواطن، لكل هذه وغيرها أمور تدخل في نطاق الحرية دون أن ترتبط بالضرورة بممارستها.

"وقد أراد واضعوا الإعلان أن يتفادوا هذا القصور، فأشاروا في المبدأ الثاني إلى تمتع الطفل" بالحماية الخاصة المناسبة وبالفرص والتسهيلات القانونية وغيرها اللازمة لإتاحة نموه الجسمي والعقلي والخلقي والروحي والاجتماعي نمواً طبيعياً سليماً وحراً كريماً". وأشاروا أيضاً في المبدأ التاسع إلى حماية الطفل من جميع صور الإهمال والقسوة والاستغلال والاسترقاق ".

وقد كان من الأفضل أن يحدد مفهوم الحرية بالنسبة للطفل ووسيلة ممارستها بنفسه كحق أصيل، أو ممثلاً في وليه بوصفها حقاً تبعياً.

هذا: وإن كانت مبادئ حقوق الطفل لم تحدد مضمون الحريات، ومنها حرية العقيدة والعبادة، فإن الوثائق العالمية الدولية قد بينت الحريات، ومنها حرية الفكر والضمير والحرية الدينية والرأي والتعبير، ومنحت هذه الحريات كل فرد، سواء أكان رجلاً أم امرأة أم طفلاً.

ومما ورد في هذا الموضوع:

نص المادة الثامنة عشرة من الإعلان العالمي لحقوق الإنسان [١].

" لكل شخص الحق في حرية التفكير والدين والضمير وتشمل هذا الحق حرية تغيير ديانته وحرية الإعراب عنهما بالتعليم والممارسة والقيام بالطقوس الدينية ومراعاتها سواء أكان سراً أم جهراً، منفرداً أو مع جماعة.

ونصت المادة الثامنة عشرة من الاتفاقية الدولية للحقوق المدنية والسياسية على هذه المبادئ على النحو التالي:

٠١ "لكل إنسان الحق في حرية الفكر والضمير والحرية الدينية، وهذا الحق يتضمن حرية كل إنسان في أن يدين بدين ما، وحريته في اعتناق أي دين أو معتقد يختاره، وحريته في إظهار دينه، أو معتقده بالتعبد، وإقامة الشعائر والممارسة والتعليم بمفرده أو مع جماعة وأمام الملأ أو على حدة".

٠٢ " لا يجوز تعريض أحد لإكراه من شأنه أن يخل بحريته في أن يدين بدين ما، أو بحريته في اعتناق أي دين، أو معتقد يختاره".

٠٣" لا يجوز إخضاع حرية الإنسان في إظهار دينه أو معتقده إلاّ للقيود التي يفرضها القانون، والتي تكون ضرورية لحماية السلامة العامة أو النظام العام، أو الصحة العامة، أو الآداب العامة، أو حقوق الآخرين أو حرياتهم الأساسية "٠

٠٤ " تتعهد الدول الأطراف في هذه الوثيقة بالعمل على احترام حرية الآباء،أو الأوصياء، وإن وجدوا في توفير التعليم الديني والخلقي لأولادهم بما يتفق وعقائدهم "٠

فهذه النصوص تخاطب كل إنسان، سواء أكان ذكراً أم أنثى وسواء أكان طفلاً أم بالغاً لكن الطفل في رأيي يتبع عقيدة والده قبل البلوغ.

---

(١) القانون الدولي العام، ص٩٩٩ وقانون حقوق الإنسان ص ٣٣٣-٣٣٤.

٢ - حق حرية الفكر والرأي والتعبير في الإسلام والقانون الدولي:

حق حرية الفكر والرأي والتعبير في الإسلام:

أ - حق حرية الفكر في الإسلام:

حث الإسلام على حق حرية الفكر في الآيات الدالة على وجوده ليزداد المسلم إيماناً به، ولهذا كان التفكير وإعماله في الآيات الدالة على وجود الله تعالى وسيلة إلى الوصول إلى عقيدة صحيحة كما أيد جميع الفتوحات العلمية، واعتبر العالمين بأسرار الكون والحياة بصراء والجهال عمياً بها[١]. قال تعالى:" **أَفَلَمْ يَسِيرُوا فِي الْأَرْضِ فَتَكُونَ لَهُمْ قُلُوبٌ يَعْقِلُونَ بِهَا أَوْ آذَانٌ يَسْمَعُونَ بِهَا فَإِنَّهَا لَا تَعْمَى الْأَبْصَارُ وَلَكِنْ تَعْمَى الْقُلُوبُ الَّتِي فِي الصُّدُورِ(٤٦)** "[٢]. **وقال تعالى: قُلْ هَلْ يَسْتَوِي الْأَعْمَى وَالْبَصِيرُ أَفَلَا تَتَفَكَّرُونَ(٥٠)** "[٣]. **وقال تعالى:" مَا خَلَقَ اللَّهُ السَّمَاوَاتِ وَالْأَرْضَ وَمَا بَيْنَهُمَا إِلَّا بِالْحَقِّ وَأَجَلٍ مُسَمًّى** "[٤].

وإن الحث على إعمال العقل في التفكير ليكون بداية الطريق للدعوة إلى التعبير عنه، وإلى إبداء الرأي بهدف تحقيق الخير والرشاد ضمن الوجهة السديدة[٥].

---

(١) حقوق الإنسان، عبدالسلام الترمانيني ص ٢٩ - ٣٠، دار الكتاب الجديد، بيروت، ط٢، ١٩٧٦م، والتشريع الجنائي الإسلامي، عبدالقادر عودة، مؤسسة الرسالة، بيروت، ط١٣، ١٩٩٤م. ٢٩/١-٣١ وراجع٠ دور حرية الرأي في الوحدة الفكرية بين المسلمين،عبدالمجيد النجار، المعهد العالمي للفكر الإسلامي، سلسلة أبحاث علمية رقم ٦ ص ٢٧ وما بعدها.

(٢) سورة الحج / ٤٦.

(٣) سورة الأنعام / ٥٠.

(٤) سورة الروم / ٨.

(٥) حقوق الإنسان، الشيشاني، ص٥٧، مطابع الجمعية العلمية الملكية، عمان، الأردن، ط١، ١٩٨٠م، وحقوق الإنسان عبدالسلام الترمانيني، مرجع سابق ص ٣١-٣٢.

ب - حق حرية الرأي والتعبير في الإسلام:

لقد كفل الإسلام حرية الرأي والتعبير لكل فرد، ومما يدل على ذلك: قال تعالى:" **:" وَلْتَكُنْ مِنْكُمْ أُمَّةٌ يَدْعُونَ إِلَى الْخَيْرِ وَيَأْمُرُونَ بِالْمَعْرُوفِ وَيَنْهَوْنَ عَنِ الْمُنْكَرِ ۚ "**[1]. وقوله صلى الله عليه وسلم: "لتأمرن بالمعروف، ولتنهونّ عن المنكر، أو ليوشكن الله أن يبعث عليكم عقاباً منه، ثم تدعونه، فلا يستجاب لكم"[2].

وحرية الفكر ترتبط بدورها بحرية التعليم والتعلم كليهما كما سيأتي بيانه:

والفرد سواء أكان رجلاً أم امرأة أم طفلاً مطالب بالتفكر لأنه الوسيلة المنطقية للتعرف على أسرار الكون، والوصول إلى الحقيقة.

والطفل عند الولادة لا يعرف شيئاً، قال تعالى **وَاللَّهُ أَخْرَجَكُمْ مِنْ بُطُونِ أُمَّهَاتِكُمْ لَا تَعْلَمُونَ شَيْئًا "**[3].

وبعد الولادة يستمر في التعرف على الأشياء، عن طريق التفكير، والطفل يفكر، لأنه قادر على ذلك، لكنه لا يستطيع أن يعبر عما يجيش في عقله، ولهذا يحتاج إليه، كما يحتاجه الإنسان البالغ العاقل.

حق حرية الفكر والرأي والتعبير في القانون الدولي:

لم تنص مبادئ حقوق الطفل صراحة على حرية الفكر والرأي والتعبير كما فعل في حق حرية العقيدة والعبادة، وكل ما ورد في ذلك ما جاء بعد المبدأ العاشر:"... يجب ألا يكون ممكناً تقييد مستقبل المراهق بقرار دون دعوته للتعبير

---

(1) سورة آل عمران / ١٠٤.

(2) أخرجه الترمذي في صحيحه حديث (٢١٧٩)، دار إحياء التراث العربي، بيروت، وقال: حديث حسن.

(3) سورة النحل / ٧٨.

عن خياراته المفضلة وطموحاته ومشاريعه، فليست المسألة هي الطلب بأن يتخذ القرار من وجهة الرأي الذي يعبر عنه المراهق، ولكن الأولى أن يكون باستطاعة هذا الأخير الذي هو موضوع جدال التعبير عن نفسه، فهو حي يرزق، ومن حقه في إطار حريته الناشئة أن يستشار"[1].

ويفهم من هذا النص إعطاء حق الرأي والتعبير والتفكير للطفل المراهق، وهو الذي وصل إلى سن يستطيع فيه إبداء الرأي والتعبير والتفكير فيما يجيش في نفسه.

لكن الوثائق العالمية لحقوق الإنسان (بشكل عام) صرحت بإعطاء حق حرية التفكير والرأي والتعبير لكل إنسان، وهو يشمل الرجل والمرأة والطفل.

ومما جاء في هذه الوثائق ما يلي:[2]

٠١ نص المادة (الثامنة عشرة) من الإعلان العالمي لحقوق الإنسان:" لكل شخص الحق في حرية التفكير والدين والضمير،ويشمل هذا الحق، حرية تغيير ديانته أو عقيدته، وحرية الإعراب عنهما بالتعليم والممارسة والقيام بالطقوس الدينية، ومراعاتها، سواء أكان سراً أم جهراً، أم منفرداً، أم مع الجماعة"، وقد سبق النص عليها.

٠٢ نص المادة ((التاسعة عشرة) منه " لكل شخص الحق في حرية الرأي والتعبير ويشمل هذا الحق حرية اعتناق الآراء، دون أي تدخل واستقاء وتلقي وإذاعة الأنباء والأفكار دون تقيد بالحدود الجغرافية وبأية وسيلة كانت ".

٠٣ نص المادة (التاسعة عشرة) من الاتفاقية الدولية للحقوق المدنية والسياسية " لكل إنسان حق في حرية التعبير، ويشمل هذا الحق حريته في التماس

(١)حقوق الطفل، جان شازال، ترجمة ميشال أبي فاضل، ص ١٧ - ١٨.

(٢) قانون حقوق الإنسان، ٣٠٧، ٣٢٩، ٣٣٠، والقانون الدولي العام، ص٩٩٩.

مختلف ضروب المعلومات والأفكار وتلقيها ونقلها إلى الآخرين، دونما اعتبار للحدود، سواء على شكل مكتوب أو مطبوع أو في قالب فني أو بأية وسيلة أخرى يختارها ".

٠٤ ونص المادة (الخامسة عشرة) من الاتفاقية الخاصة بالحقوق الاقتصادية والاجتماعية والثقافية على أن الدول الأطراف تقر بأن من حق كل فرد:

أ - أن يشارك في الحياة الثقافية.

ب- أن يتمتع بفوائد التقدم العلمي وتطبيقاته.

ج- أن يفيد من حماية المصالح المعنوية والمادية الناجمة عن أي أثر علمي أو فني أو أدبي من صنعه.

كما تعهدت الدول الأطراف في هذه المادة باحترام حرية البحث العلمي والنشاط الإبداعي.

ومما تقدم يتضح أن هذه النصوص منحت حق حرية التفكير والرأي والتعبير لكل إنسان، وهو يشمل الرجل والمرأة والطفل.

والطفل مخلوق حي، قابل للتفكير وإبداء الرأي والتعبير في حدود قدراته العقلية، وهو يحتاج إلى ذلك من أجل التدريب، إذ لا نتصور أن مرحلة التفكير وإبداء الرأي والتعبير تكون فقط في مرحلة البلوغ.

٣ - حق حرية التعليم والتعلم في الإسلام والقانون الدولي:

حق حرية التعليم والتعلم في الإسلام:

حث الإسلام على التعليم والتعلم لأنهما أداة العلم، سواء تعلق بشؤون الدنيا أم تعلق بشؤون الآخرة، وإن التقدم الحضاري والمدني لأي أمة يتوقف على التقدم العلمي في المعارف كافة.لذا أوجب الإسلام العلم وجعله فرضاً على كل

فرد في المجتمع المسلم.قال تعالى:" اقْرَأْ بِاسْمِ رَبِّكَ الَّذِي خَلَقَ (١) خَلَقَ الْإِنْسَانَ مِنْ عَلَقٍ (٢) اقْرَأْ وَرَبُّكَ الْأَكْرَمُ (٣) الَّذِي عَلَّمَ بِالْقَلَمِ (٤) عَلَّمَ الْإِنْسَانَ مَا لَمْ يَعْلَمْ (٥)"[١]. **وقال تعالى:" قُلْ هَلْ يَسْتَوِي الَّذِينَ يَعْلَمُونَ وَالَّذِينَ لَا يَعْلَمُونَ "**[٢]. **وقال تعالى:" شَهِدَ اللَّهُ أَنَّهُ لَا إِلَهَ إِلَّا هُوَ وَالْمَلَائِكَةُ وَأُولُو الْعِلْمِ قَائِمًا بِالْقِسْطِ "**[٣]. وقال صلى الله عليه وسلم:" **العلماء ورثة الأنبياء**"[٤] ٠

وقال صلى الله عليه وسلم:" **يشفع يوم القيامة ثلاثة: الأنبياء،ثم العلماء، ثم الشهداء**"[٥]. وقال صلى الله عليه وسلم: "**من سلك طريقاً يلتمس فيه علماً، سهّل الله له طريقاً إلى الجنة**"[٦]. وغير ذلك من أدلة كثيرة.

فهذه الأدلة توجب العلم ولم تفرق بين طفل أو رجل أو امرأة؛ لأن العلم لا غنى عنه لكل منهم؛ ولأن آثاره تعم الأفراد والأسر والدول.

ولأن حرية التعليم والتعلم ترتبط بهما حرية الفكر والرأي والتعبير، فإذا تعلم الإنسان استطاع أن يفكر، وإذا فكر استطاع أن يبدي رأيه بصراحة، والتعبير وسيلة لإبداء الرأي الذي يتوقف على العلم.

---

(١) سورة العلق / ١-٥.

(٢) سورة الزمر / ٩.

(٣) سورة آل عمران / ١٨.

(٤) أخرجه ابن ماجه في سننه، باب فضل العلماء والحث على طلب العلم، حديث ٢٢٤، دار الفكر ٠

(٥) أخرجه أبو داود في سننه، ٥٨/٤، كتاب العلم باب الحث على طلب العلم،، حديث ٣٦٤، دار الحديث، بيروت، ١٩٧٤ م، والترمذي في سننه، حديث (٢٦٨٢) دار إحياء التراث العربي، بيروت.

(٦) أخرجه مسلم في صحيحه ٢٠٧٤/٤ حديث (٢٦٩٩) كتاب الذكر، تحقيق محمد فؤاد عبدالباقي، دار إحياء التراث العربي، بيروت.

وحرية التعليم: هي أن يعطى كل فرد الحق في أن يعلـم مـن يشـاء وحريـة التعلم هي حق لكل فرد في أن يتعلم مـن العلـوم والمعـارف مـا يريـده بأيـة وسـيلة يرغبها، والعلم يتوقف على رغبة طالب العلم، فكلما تحققت رغبة الإنسان في العلـم الذي ينشده، أبدع فيه، وأما العلم الذي يُكره الإنسـان عليـه فشـأنه كشـأن الطعـام الذي يُكره عليه الإنسان وهو شبعان.

فالعلم هو غذاء العقل، والطعام هو غذاء الجسم.

وإذا كان العلم غذاء العقل، وكانت حرية التعلم حقاً للطفل للوصـول إليـه، فهل الطفل قادر على الاختيار والتعبير عن إرادته ؟ خاصة وأن هـذا التعبير بالـذات، هو أول ما يجب أن يتعلمه الطفل، ولو كانـت غايتـه منـه إشـباع أشـياء محـدودة ؟ والجواب عن ذلك:

" إن الطفل لا يتعلم إلا ما يلقـن لـه مـن المعـارف والعلـوم، لأن ذهنـه إنمـا يستقبل المعلومات التي يستطيع فهمها، دون أن يتحتم عليه الإيمان بها أو إنكارهـا بعكس العقيدة، التي لا تقف عند مجرد التعاليم التي تلقن للطفل، وإنمـا تتعـداها إلى الإيمان بها، والتعبير عـن الإيمان غير التعبير عـن الإرادة، وكلاهـما يجتمعـان في العقيدة، في حين أن المعرفة لا تحتاج إلاّ إلى الاطلاع عليها وتفهـما بأيـة وسـيلة سـواء آمن الفرد بما تعلمه، أم لم يؤمن به".

لذلك فإن العلم، يجب أن يتحلى بالحياد دائمـاً، ولكنـه حيـاد مبصر متفتح على حقائق الحياة، أو بعبارة أكثر وضوحاً، فإن حرية البحث العلمي والدراسـات العلميـة – تعليماً وتعلماً – لا تعني سلبية العلم، ولا تعني عدم التزامه، فليس ثمة تعـارض أو ازدواج بين العلـم الحـر والعلـم الملتزم، وكلاهـما لشيء واحد، فـالعلم حـر في ذاتـه وبطبيعته، أي من حيث هو دراسة، وهو ملتزم من حيث علاقتـه بالمجتمع، ذلك أن حرية العلم أو حرية البحث العلمي تهدف أول ما تهدف إلى خدمة

المجتمع خاصة، والإنسانية عامة، وذلك بما تدين به من السعي إلى الخلق والابتكار والإبداع والتحرر من القيود التي تعوق التطور العلمي، وإنما تكون السلبية في سلوك الدارس أو الباحث، وفي النهج الذي ينهجه في بحثه إزاء أهداف المجتمع وانطلاقاته.

فالحديث عن حرية الطفل في التعلم وحقه في ذلك لا يقصد به سوى ما ذكر وهو " فتح كل الآفاق العلمية أمامه لينهل ما يتواءم مع موهبته وقدراته الذهنية، وفي حدود الإطارات والأشكال المنهجية التي تضعها الدولة وأجهزتها دون حجب لأي أفق من هذه الآفاق، وبعبارة أخرى موجزة: انفتاح كل سبل التعليم والرأي والفكر والحقيقة بوجوهها المختلفة، ثم بلورتها بعد ذلك في طاقة متناسقة تتفق وأهداف المجتمع وتتشكل منها العقلية العامة الجليلة" [١]

ولتحقيق حرية التعليم والتعلم للطفل يتطلب ما يلي:[٢]

١. إزالة كل العوائق التي تقف عقبة في طريق الطفل وحقه في التعلم، أو تخل بمبدأ تكافؤ الفرص، سواء كانت هذه العوائق مادية أو معنوية، وبما أن الإسلام قد فرض التعليم والتعلم، فإنه يجب على المسؤول العمل على تحقيقه استجابة لأوامر الشارع التي توجبه على كل فرد، ويكون ذلك بجعل التعليم والتعلم في مراحله الأساسية إلزامياً ومجاناً وكذلك في بقية المراحل الدراسية الأخرى كالمرحلة الإعدادية والثانوية والجامعية والدراسات العليا، ضمن إمكانات الدولة واستطاعتها وعلى المجتمع المسلم التعاون من أجل تحقيق ذلك. اتباعاً لمبدأ التكافل الاجتماعي الذي يعم كل وجوه النفع العام والنفع الخاص.

---

(١) تشريعات حماية الطفولة، حسني نصار ص ٤٥ وما بعدها.

(٢) انظر المرجع السابق ص ٤٩ – ٥٢.

والمراد بالمسؤول الذي تقع عليه مسؤولية ذلك الحاكم، ثم الولي الشرعي، قال رسول الله صلى الله عليه وسلم:" كلكم راعٍ وكلكم مسؤول عن رعيته، الإمام راعٍ ومسؤول عن رعيته، والرجل راعٍ في أهله وهو مسؤول عن رعيته "[1].

٠٢ إتاحة فرص التعليم أمام الطفل من حيث الكم.

ويتحقق ذلك باستيعاب كل الأطفال على اختلاف مراحل العلم والسن معاً وهو شرط أساسي لتحقيق مبدأ تكافؤ الفرص، إذ لا معنى لتكافؤ أو مساواة أو فرص غير متاحة، أو غير كافية لاستيعاب كل المستفيدين منها، أو طالبيها أو أصحاب الحق فيها.

ولتحقيق المساواة والعدالة بين الأطفال على مختلف أعمارهم وألوانهم في حق حرية التعليم والتعلم يتطلب إلغاء كل أصناف التميز بينهم القائم على التفوق العلمي أو الذهني أو التربوي وخاصة في المراحل الأولى للطفولة، فجميع الأطفال يجب أن يتعلموا، ولا سبيل أمامهم إلاّ أن يتعلموا، وحقهم في ذلك مطلق يقابله واجب على الدولة بتوفير كل سبل العلم دون تمييز أو تفرقة أو استثناء٠

٠٣ إتاحة هذه الفرص من حيث (الكيف) أو النوع وهو ما يمثل الامتداد الرأسي للعلم على اختلاف مراحله من جهة واختلاف فروعه من جهة أخرى.ومعنى إتاحة الفرص من حيث النوع، هو أن يتوفر لكل مواطن نوع العلم الذي يناسبه والدراسة التي تتفق مع موهبته وتلائم استعداده وذلك في كل مراحل سنه أو عمره التعليمي.

---

[1] أخرجه البخاري في صحيحه٣٠٤/١، حديث(٨٥٣)، باب الجمعة في القرى والمدن، دار ابن كثير، بيروت، ١٩٨٧م.

حق حرية التعليم والتعلم في القانون الدولي:

جاء في الوثائق الدولية ما يلي:

٠١ المبدأ السابع من مبادئ إعلان حقوق الطفل:" للطفل الحق في الحصول على وسائل التعليم الإجباري المجاني على الأقل في المرحلة الابتدائية، كما يجب أن تتيح له هذه الوسائل ما يرفع مستوى ثقافته العامة، ويمكنه أن ينمي قدراته وحسن تقديره للأمور وشعوره بالمسؤولية الأدبية والاجتماعية، لكي يصبح عضواً مفيداً في المجتمع".

"ويجب أن يكون تحقيق خير مصالح الطفل المبدأ الذي يسير على هديه أولئك الذين يتولون تعليمه وإرشاده على أن تقع أكبر تبعة في هذا الشأن على عاتق والديه".

"ومن الواجب أن تتاح للطفل فرصة للترفيه عن نفسه باللعب والرياضة اللذين يجب أن يستهدفا نفس الغاية التي يرمي التعليم والتربية إلى بلوغها، وعلى المجتمع والذين يتولون السلطات العامة أن يعملوا على إتاحة الاستمتاع الكامل بهذا الحق للطفل" [1].

وهذا المبدأ ينص تصريحاً على أن من حقوق الطفل أن يتعلم، وأن التعليم الإجباري المجاني على الأقل يكون حتى نهاية المرحلة الابتدائية.

٠٢ نص المادة السادسة والعشرين من الإعلان العالمي لحقوق الإنسان، فقرة (٢) " لكل شخص الحق في التعليم ويجب أن يكون التعليم في مراحله الأولى والأساسية على الأقل بالمجان، وأن يكون التعليم الأولي إلزامياً، وينبغي أن يعمم

(١) حقوق الطفل، جان شازال، ميشال أبي فاضل، ص ١٥.

الفني والمهني، وأن يسير القبول للتعليم العالي على قدم المساواة التامة للجميع على أساس الكفاءة "[1].

وقد أكدت المادتان الثالثة عشرة والرابعة عشرة من الاتفاقية الدولية للحقوق الاقتصادية والاجتماعية والثقافية على المبادئ السابقة.

٤- حق حرية الإقامة والانتقال في الإسلام والقانون الدولي:

حق حرية الإقامة والانتقال في الإسلام:

فحرية الطفل في الإقامة والانتقال تتبع حرية وليه الطبيعي وهو الأب على أساس افتراض قيام رابطة بين الحريتين مصدرها ارتباطهما بدورهما بمصلحة واحدة، أو مشتركة، يقوم الأب على رعايتها.على أن الأمر يختلف إذا كانت الولاية غير طبيعية، فانتقال الطفل مع حاضنته - ولو كانت أمه - أو مع الوصي عليه يقع تحت إشراف وحماية السلطة القائمة على تطبيق القانون المنظم لعلاقتهما.

والأمر كذلك بالنسبة لحريات وحقوق أخرى، كحق اللجوء السياسي إلى دولة ما، اعتماداً على هذا الحق أن يصطحب أطفاله بوصفهم لاجئين ؟ وهل يطلق على كل منهم لاجئ سياسي ؟

إن دخول أطفال اللاجئ السياسي وكذلك زوجته لا يستند إلى اعتبار الطفل وكذا الزوجة لاجئاً سياسياً، طالما كان الواقع يخالف ذلك، إلاّ إذا كان الأطفال بدورهم واقعين تحت ضغط، أو إرهاب سياسي أو عسكري، يضطرهم إلى الهجرة واللجوء إلى بلد آخر، كما هو الحال في العدوان الإسرائيلي على البلاد العربية وطرد السكان، رجالاً وأطفالاً ونساءً واضطرارهم إلى الهجرة إلى بلد عربي آخر.

---

(١) القانون الدولي العام، ص١٠٠١.

أما إذا كان الأب هو وحده الذي يطلق عليه وصف اللاجئ السياسي فإنه لا يمكن افتراض أن إرادة أطفاله إذا اصطحبهم معه قد اتجهت مع إرادة أبيهم إلى طلب اللجوء، في الوقت الذي لم يصدر منهم ولم يقع عليهم ما يضطرهم إلى هذا اللجوء، وكذلك الحال بالنسبة لحق الهجرة، فليس للطفل إرادة يمكن افتراضها في طلب الهجرة.

والتفسير الصحيح لهذه الحالات، هو أن حق الطفل في الإقامة والانتقال واللجوء والهجرة، حق تابع لحق وليه الذي يمارسه عنه تحت سلطان الشرع أو القانون الدولي، بالإضافة إلى أن هناك مصلحة مشتركة بين الأب وطفله تربط بين حقهما معاً، وهي مصلحة كل منهما في الإقامة معاً، وحق الرعاية الواجبة، وحق الأول في الولاية على الثاني، والتي تخول له رخصة ممارسة الحق المشترك عنهما كليهما باعتباره ولياً طبيعياً على الطفل [1].

والولي صاحب حق في الإقامة والانتقال ونحوهما ... بحكم الظروف التي أملت عليه ذلك، ومستند هذا الحق أدلة شرعية منها: قوله تعالى:" لَيْسَ عَلَيْكُمْ جُنَاحٌ أَنْ تَبْتَغُوا فَضْلًا مِنْ رَبِّكُمْ "[2]. **وقوله تعالى:**" فَإِذَا قُضِيَتِ الصَّلَاةُ فَانْتَشِرُوا فِي الْأَرْضِ وَابْتَغُوا مِنْ فَضْلِ اللَّهِ "[3]. **وقوله تعالى:**" هُوَ الَّذِي جَعَلَ لَكُمُ الْأَرْضَ ذَلُولًا فَامْشُوا فِي مَنَاكِبِهَا وَكُلُوا مِنْ رِزْقِهِ وَإِلَيْهِ النُّشُورُ(١٥) "[4].

---

(1) تشريعات حماية الطفل، حسني نصار ص ٣٤ – ٣٥.

(2) سورة البقرة / ١٩٨.

(3) سورة الجمعة / ١٠.

(4) سورة الملك / ١٥.

وحرية الإقامة والانتقال وإن كان كل منهما حقاً طبيعياً لولي الطفل إلا أن هذا ليس على إطلاقه، بل هو مقيد بقيود، تحقيقاً للمصلحة، كما لو انتشر المرض في بلاد، فيجوز للحاكم منعه، خوفاً من الوقوع في المرض، وقد يقيده وفاء لعقوبة، كنفيه من بلد إلى بلد آخر عقوبة له، لقوله تعالى:" أَوْ يُنفَوْا مِنَ الْأَرْضِ ۚ "[1] .

وغير ذلك من القيود الشرعية التي يقررها الحاكم المسلم تحقيقاً لمصلحة ظاهرة أو درءاً لمفسدة غالبة.

حق حرية الإقامة والانتقال في القانون الدولي:

لم تنص مبادئ إعلان حقوق الطفل على حق الطفل في حرية الإقامة والانتقال، لكن الإعلان العالمي لحقوق الإنسان قد نص في المادة الثالثة عشرة[2] :

١. " لكل فرد حرية التنقل واختيار محل إقامته داخل الدولة ".

٢. يحق لكل فرد أن يغادر أي بلاد، بما في ذلك بلده، كما يحق له العودة إليها".

يتضح من نص هذه المادة أن القانون الدولي قد منح كل فرد حق حرية الإقامة والتنقل من بلده إلى بلد آخر والعودة إليها.

ومن المسلمات أن الطفل يكون تابعاً لأبويه، ولهذا فإن حرية إقامته وتنقله تكون تابعة لإقامة أبويه وتنقلهما.

---

(1) سورة المائدة / ٣٣.

(2) القانون الدولي العام ص ٩٩٨.

٥ – حق حرية الجنسية والتجنس في الإسلام والقانون الدولي:

حق حرية الجنسية والتجنس في الإسلام:

الجنسية هي انتساب الفرد إلى الوطن الـذي ينتمـي إليـه تلقائيـاً، وارتباطـه بعلاقة الولاء للدولة التي ينتمي إليها وارتباطه بالحماية التي تضيفها عليه والتجنس هو الدخول في جنسية دولة مـا، بنـاء عـلى طلـب يقدمـه الراغـب في جنسية هـذه الدولة، أو بالنسبة للزوجة بسبب زواجها من أجنبي يقرر قانونـه دخولها في جنسية زوجها بمجرد زواجها منه.

والطفل حين يولد تكون جنسيته تبعاً لجنسية أبيه، فإذا كان مجهـول الأب فإن جنسيته تتقرر له تبعاً لجنسية الأرض التي عثر عليه فيها، إلى أن يثبت نسبه مـن أب معلوم.

وهل يعتبر حق الطفل في الجنسية والتجنس حقاً له باعتباره تابعاً لحق أبيـه في الجنسية والتجنس كحق الإقامة والانتقال.

أما بالنسبة لحق الجنسية، فيمكن جعل الأبوة إحـدى الـدلالات عـلى ثبـوت الحق في الجنسية للطفل وانتسابه إلى وطنـه وإن لم يكن ذلك شرطـاً لازمـاً لتحديد جنسية الأبناء، وأما التجنس، فيمكن اعتبار الأبـوة شرطـاً أساسيـاً في كسـب الجنسية للأطفال، تبعاً للجنسية التي دخلها الأب [١]

حق حرية الجنسية والتجنس في القانون الدولي:

جاء في مبادئ إعلان حقوق الطفل [٢]

المبدأ الثالث: "يجب أن يكون للطفل منذ ولادته الحـق في أن يعـرف باسـم وبجنسية معينة".

---

(١) تشريعات حماية الطفولة، حسني نصار ص ٣٥ – ٣٧.
(٢) حقوق الطفل، جان شازال، ترجمة ميشال أبي فاضل، ص ١٤.

ونصت المادة (الخامسة عشرة) من الإعلان العالمي لحقوق الإنسان[1].

١. "لكل فرد حق التمتع بجنسية ما".

٢. "لا يجوز حرمان شخص من جنسيته تعسفاً، أو إنكار حقه في تغييرها".

ومما تقدم يتضح لنا أن مبادئ إعلان حقوق الطفل وكذلك الإعلان العالمي لحقوق الإنسان تقضي بحق الطفل في الجنسية ولا يجوز حرمانه منها تعسفاً، وجنسية الطفل غالباً ما تكون تابعة لجنسية والده أو والدته أو البلد الذي ولد فيها أو وجد فيها لقيطاً.

---

(١) القانون الدولي العام ص ٩٩٨.

المبحث الثالث

حقوق الطفل الخاصة

أولاً: حق الإنفاق على الطفل في الإسلام والقانون :

حق الإنفاق على الطفل في الإسلام:

يقصد بالإنفاق على الطفل تقديم النفقة المعروفة في الإسلام، وهـي الطعـام والشراب والمسكن والملبس والعلاج ونفقة التعلم في حالة وجوبه على وليه، أباً أو من يقوم مقامه.

ونظراً لأن الطفل مخلوق ضعيف، لا يقوى علـى الاعتمـاد علـى نفسـه، فإن الإسلام أحسن الرعاية به، فأوجب الإنفاق عليه حتى سـن البلـوغ، فيشـتد سـاعده ويعتمـد على نفسه في كسبه.

ولا خلاف بين علماء المسلمين في أن نفقـة الطفل إنما تجب علـى أبيـه، إذا ثبت نسبه منه، وكان قادراً على الإنفاق عليه، ولو بالاستدانة، ولم يكن للطفل مـال يستغنى به عن نفسه، بأن ورثه من آخرين كأمه، أو تبرع به أحد المحسنين أو أوقفـه عليه.

وإنما الخلاف بينهم في وجوب نفقة الطفل علـى بقيـة أقاربـه، وسبب ذلـك اختلافهم في وجوب نفقة القريب على قريبه وفي ذلك أقوال:

القول الأول: إن النفقة تجب على كل ذي رحم محرم لذي رحمة مـن الأولاد وأولادهم أو الآباء والأجداد، مع اتحاد الدين واختلافه، وإن كان من غـيرهم لم تجب النفقة إلا مع اتحاد الدين، فلا تجب على المسلم نفقة رحمه

الكافر.ثم إنما تجب النفقة بشرط قدرة المنفق وحاجة المنفق عليه، ويعتبر فقر الطفل فقط في وجوب الإنفاق عليه وكذلك الإنفاق على البنت البالغة وأما الابن البالغ، فتجب النفقة له إذا كان فقيراً وأن يكون عاجزاً عن الكسب لمرض مزمن أو لعاهة مستديمة.وهذا قول الحنفية[١].

والنفقة عند أبي حنيفة تجب مرتبة حسب الميراث على من وجبت عليهم من القرابة إلاّ في نفقة الطفل، فإنها واجبة على أبيه خاصة على المشهور من مذهبه، وروي عن الحسن بن زياد اللؤلؤي: أنها تجب على أبويه بقدر ميراثهما، طرداً للقياس[٢].

القول الثاني: إن نفقة القريب تجب على قريبه بشروط، منها، أن يكون مستحق النفقة أصلاً أو فرعاً من الدرجة الأولى، كالأب والأم والابن والبنت وأن يكون من تجب عليه النفقة أصلاً أو فرعاً من الدرجة الأولى كذلك، فلا تجب نفقة القريب على قريبه إذا لم يكن أصلاً وفرعاً من الدرجة الأولى وكذلك لا تجب نفقة الطفل على أمه، وهذا قول المالكية[٣].

القول الثالث: إن نفقة القريب لا تجب على قريبه إلا إذا كان من تجب له النفقة أحد الأصول من النسب وإن علوا، أو الفروع من النسب وإن نزلوا.

وكذلك من تجب عليه النفقة يجب أن يكون أصلاً من النسب وإن علا أو فرعاً من النسب وإن نزل.

---

(١) مجمع الأنهر في شرح ملتقى الأبحر، عبدالرحمن بن محمد بن سليمان، شيخ زاده، ٢٤٢/١. المطبعة العثمانية، ١٣٠٥هـ والكاساني، بدائع الصنائع في ترتيب الشرائع، ٣١/٤-٣٢، وما بعدها، دار الكتاب العربي، بيروت، ١٤٠٢هـ-١٩٨٢م.

(٢) المصدران السابقان، ونفس المكان.

(٣) الشرح الكبير هامش حاشية الدسوقي، ٥٢٢/٢-٥٢٣، دار إحياء الكتب العربية، عيسى البابي الحلبي وشركاه.

ولا بد من توافر شروط أخرى: يسار المنفق وحاجة المنفق عليه وعجزه عن الكسب لصغر أو جنون أو مرض مزمن؛ لأن النفقة مؤاساة، ولا يشترط اتحاد الدين بين الأصول والفروع للقول بوجوب النفقة وإنما يشترط عصمة المنفق عليه؛ لأن دم غير المعصوم هدر، فلا حرمة له، وهذا قول الشافعية.[1]

القول الرابع: تجب نفقة القريب على قريبه إذا كان من عمود النسب سواء أكان وارثاً أم غير وارث، وفي اشتراط اتحاد الدين بينهم روايتان عند الإمام أحمد، وعنه رواية أخرى أنه لا تجب نفقتهم إلاّ بشرط أن يرثهم بفرض أو تعصيب كسائر الأقارب، وإن كان من غير عمود النسب وجبت نفقتهم بشرط أن يكون بينه وبينهم توارث، ثم هل يشترط أن يكون التوارث من الجانبين، أو يكفي أن يكون من أحدهما على روايتين عنده، وهذا قول الحنابلة [2].

وأما الأدلة الدالة على وجوب نفقة الطفل على وليه فمنها:

١. قوله تعالى لِيُنفِقْ ذُو سَعَةٍ مِن سَعَتِهِ وَمَن قُدِرَ عَلَيْهِ رِزْقُهُ فَلْيُنفِقْ "[3].

وجه الدلالة: أن الآية تدل بمنطوقها على أن من وجبت عليه النفقة يجب أن ينفق حسب حاله من حيث الغنى والفقر، ويقول القرطبي: لينفق الزوج على زوجته وعلى ولده الصغير قدر وسعه حتى يوسع عليهما، إذا كان موسعاً عليه، ومن كان فقيراً فعلى قدر ذلك، فتقدر النفقة بحسب الحالة من المنفق والحاجة من المنفق عليه بالاجتهاد على مجرى حياة العادة [4]

---

(1) نهاية المحتاج إلى شرح المنهاج، محمد بن أبي العباسي الرملي، ٢١٨/٧، مصطفى البابي الحكمي وأولاده، مصر ١٣٨٦هـ- ١٩٦٧م.

(2) المغني لابن قدامة، ٥٨٣/٧-٥٨٤، مكتبة الرياض الحديثة، الرياض. وراجع تفصيل الأقوال الأربعة وأدلتها في المصادر السابقة، (ص ٦٢-٦٣)، وكذلك في زاد المعاد في هدي خير العباد لابن قيم الجوزية ٢٠١/٤-٢٠٢، دار إحياء التراث العربي، بيروت. وراجع كتابنا: أحكام الزواج في الشريعة الإسلامية ص٣٩١ وما بعدها،المركز العربي ١٩٩٨م.

(3) سورة الطلاق / ٧.

(4) الجامع لأحكام القرآن للقرطبي ١٧٠/١٨ توزيع مكتبة الغزالي، دمشق، مؤسسة مناهل العرفان، بيروت.

ويفهم من عموم الآية ومنطوقها على أن نفقة الطفل تجب على وليه الشرعي أباً كان أو غير أب.

٠٢ وقوله تعالى:" وَعَلَى الْمَوْلُودِ لَهُ رِزْقُهُنَّ وَكِسْوَتُهُنَّ بِالْمَعْرُوفِ "(١).

وجه الدلالة: أن الآية تدل بمنطوقها على أن النفقة واجبة للزوجة على زوجها لأنها هي التي تنجب له، وإذا وجبت النفقة للزوجة التي تنجب للزوج فمن باب أولى وجوبها للطفل الذي أنجبته من تستحق النفقة.

٠٣ وقوله تعالى:" فإن أرضعن لكم فآتوهن أجورهن"(٢). وجه الدلالة: أن الآية تدل على وجوب أجر رضاعة الطفل على وليه الشرعي، وهو الأب، ويفهم من ذلك وجوب النفقة عليه، لأن الرضاعة طعام الصغير.

٠٤ وعن عائشة في قصة هند قالت:جاءت هند إلى رسول الله صلى الله عليه وسلم فقالت: يا رسول الله، إن أبا سفيان رجل شحيح، وليس يعطيني ما يكفيني وولدي، فقال:" خذي ما يكفيك وولدك بالمعروف"(٣).

٠٥ الإجماع: وقد انعقد على أن نفقة الأطفال الذين لا مال لهم تجب على أبيهم.

ولأن ولد الإنسان بعضه، وهو بعض والده، فكما يجب عليه أن ينفق على نفسه وأهله كذلك يجب أن ينفق على بعضه وأهله(٤) كبقية الأقارب.

---

(١) سورة البقرة / ٢٣٣.
(٢) سورة الطلاق / ٦.
(٣) أخرجه البخاري في صحيحه ٢٢٨/١، كتاب البيوع حديث ٢٢١١.
(٤) المغني لابن قدامة ٥٨٢/٧- ٥٨٣، مكتبة الرياض الحديثة.

ومما تقدم نعلم ما يأتي:

٠١ إن مذهب الحنفية قد وسع في نفقة القريب على قريبه لأنها تعم القرابة ذات الرحم المحرم، فكل قريب له على قريبه نفقة إذا كان ذا رحم محرم، وهذا يشمل قرابة النسب وقرابة الرحم.

٠٢ إن مذهب الحنفية أكثر سعة من مذهب المالكية والشافعية والحنابلة في وجوب النفقة لذوي الأرحام، بينما المذاهب الأخرى لا توجب ذلك.

٠٣ إن مذهب الحنابلة قد وسع في وجوب نفقة القريب على قريبه إذا كانت القرابة من عمود النسب، سواء كان وارثاً أم غير وارث على رواية مشهورة عن الإمام أحمد، وفي روايه عنه أنه لا تجب إلا بشرط أن يرثهم المنفق بفرض أو تعصيب ٠

وأما إذا كان من غير عمود النسب وجبت نفقتهم بشرط أن يكون بين المنفق وبين من تجب لهم النفقة توارث، وفي اشتراط التوارث من الجانبين عند الإمام أحمد روايتان كما تقدم.

٠٤ ويتضح لي أن القول الراجح في نفقة القريب على قريبه هو قول الحنفية لأنه يعمم وجوب النفقة للقريب على قريبه فيشمل قرابة النسب وقرابة الأرحام، وهذا بخلاف المذاهب الأخرى.

حق الإنفاق على الطفل في القانون:

بين قانون الأحوال الشخصية الأردني نفقة الطفل في المواد التالية:

المادة ١٦٧: "نفقة كل إنسان في ماله إلا الزوجة، فنفقتها على زوجها".

المادة (١٦٨):

أ - إذا لم يكن للولد مال فنفقته على أبيه، لا يشاركه فيها أحد، ما لم يكن الأب فقيراً عاجزاً عن النفقة والكسب لآفة بدنية أو عقلية.

ب -تستمر نفقة الأولاد إلى أن تتزوج الأنثى التي ليست موسرة بعملها وكسبها، وإلى أن يصل الغلام إلى الحد الذي يتكسب فيه أمثاله، ما لم يكن طالب علم.

المادة (١٦٩): الأولاد الذين تجب نفقتهم على أبيهم الموسر يلزم بنفقة تعليمهم أيضاً في جميع المراحل العلمية إلى أن ينال الولد أول شهادة جامعية، ويشترط في الولد أن يكون ناجحاً وذا أهلية للتعليم، ويقدر ذلك كله بحسب حال الأب عسراً ويسراً على أن لا تقل النفقة عن مقدار الكفاية.

المادة (١٧٠) بينت نفقة المعالجة، فنصت على ما يلي:

٠١ الأولاد الذين تجب نفقتهم على أبيهم يلزم بنفقة علاجهم ٠

٠٢ إذا كان الأب معسراً، لا يقدر على أجرة الطبيب، أو العلاج أو نفقة التعليم وكانت الأم موسرة قادرة على ذلك، تلزم بها على أن تكون ديناً على الأب ترجع بها عليه حين اليسار، وكذلك إذا كان الأب غائباً يتعذر تحصيلها منه.

٠٣ إذا كان الأب والأم معسرين، فعلى من تجب النفقة عند عدم قدرة الأب على نفقة المعالجة، أو التعليم على أن تكون ديناً على الأب يرجع المنفق عليه حين اليسار.

والمادة: (١٧١) نصت على ما يلي:

إذا كان الأب فقيراً قادراً على الكسب، وكسبه لا يزيد عن حاجته أو كان لا يجد كسباً يكلف بنفقة الولد من تجب عليه النفقة عند عدم الأب، وتكون هذه النفقة ديناً للمنفق على الأب يرجع بها إذا أيسر.

والمادة (١٧٣) نصت على ما يلي: تجب نفقة الصغار الفقراء وكل كبير فقير عاجز عن الكسب بآفة بدنية أو عقلية على من يرثهم من أقاربهم الموسرين بحسب حصصهم الإرثية، وإذا كان الوارث معسراً، تفرض على من يليه في الإرث، ويرجع بها على الوارث إذا أيسر٠

ثانياً: حق رضاعة الطفل في الإسلام والقانون:

حق رضاعة الطفل في الإسلام:

الرضاعة حق للطفل في الإسلام وهذا لا خلاف فيه، وإنما الخلاف هل هو حق على الأب أم على الأم على قولين:

القول الأول: إنه حق على الأب لا الأم.

وهذا قول في المذهب الحنفي.[1] .

ووجه هذا القول:

قوله تعالى:" لَا تُضَارَّ وَالِدَةٌ بِوَلَدِهَا " [2] .

وجه الدلالة: أن الآية تدل على أن الوالدة لا تضار بولدها ولو جعلنا الرضاعة حقاً للطفل عليها لألحقنا الضرر بها وهذا منفي شرعاً.

وقوله تعالى:" فَإِنْ أَرْضَعْنَ لَكُمْ فَآتُوهُنَّ أُجُورَهُنَّ " [3] .

وجه الدلالة: أن الآية تدل على أن الأم إذا أرضعت وليدها وجب على الأب أجرة ذلك، ولو كانت الرضاعة حقاً عليها، لما وجبت الأجرة عليه وقوله تعالى:" **وَعَلَى الْمَوْلُودِ لَهُ رِزْقُهُنَّ وَكِسْوَتُهُنَّ بِالْمَعْرُوفِ ج** "[4]. "أي رزق الوالدات المرضعات، فإن أريد به المطلقات ففيه أنه لا إرضاع على الأم، حيث أوجب بدل الإرضاع على الأب مع وجود الأم، وإن أريد به المنكوحات كان المراد منه و اللـه عز وجل أعلم إيجاب زيادة النفقة على الأب للأم المرضعة لأجل الولد، وإلا

---

(1)راجع بدائع الصنائع في ترتيب الشرائع٤/٦-٧، ٣٢،دار الكتاب العربي، بيروت، ط٢، ١٤٠٢هـ - ١٩٨٢م.

(2) سورة البقرة / ٢٣٣.

(3) سورة الطلاق / ٦.

(4) سورة البقرة / ٢٣٣.

فالنفقة تستحقها المنكوحة من غير ولد، ولأن الإرضاع إنفاق على الولد، ونفقة الولد يختص بها الوالد، لا تشاركه فيها الأم كنفقته بعد الاستغناء، فكما لا تجب عليها نفقته بعد الاستغناء لا تجب عليها قبله، وهو إرضاعه". وهذا القول عند الحنفية في الحكم الشرعي، لا في المفتى به، إذ الفتوى عند الحنفية خلاف ذلك[1].

القول الثاني: إنه حق للطفل على الأم ديانة لا قضاء.

وهذا قول الجمهور، وهو المفتى به عند الحنفية[2].

ووجه ذلك:

١. قوله تعالى:" وَالْوَالِدَاتُ يُرْضِعْنَ أَوْلَادَهُنَّ حَوْلَيْنِ كَامِلَيْنِ لِمَنْ أَرَادَ أَنْ يُتِمَّ الرَّضَاعَةَ ۚ "[3].

أي يجب على الوالدات، وهن الأمهات أن يرضعن الأطفال حولين كاملين لإتمام الرضاعة.

٢. وقوله تعالى:" لَا تُضَارَّ وَالِدَةٌ بِوَلَدِهَا "[4].

قيل في بعض تأويلات الآية، أي لا تضار بولدها، بأن ترميه على الزوج بعدما عرفها وألفها، ولا ترضعه، فيتضرر الولد، ومتى تضرر الولد، تضرر الوالد، لأنه يتألم قلبه بذلك.

---

(١) بدائع الصنائع في ترتيب الشرائع، ٤/٦-٧، ٣٢، وأهداف التشريع الإسلامي، د. محمد حسن أبو يحيى، ص ٥٢٦، دار الفرقان، عمان، ١٩٨٥م.

(٢) بدائع الصنائع ٤/٤٠، وأهداف التشريع الإسلامي ص ٥٢٧، وتربية الطفل في الإسلام، د. محمد عقلة ص ٢٧، مكتبة الرسالة الحديثة، عمان، الأردن، ط١، ١٩٩٠م.

(٣) سورة البقرة / ٢٣٣.

(٤) سورة البقرة / ٢٣٣.

٠٣ وقوله تعالى:" وَلَا مَوْلُودٌ لَهُ بِوَلَدِهِ " (١) .

أي: لا يضار المولود بسبب الإضرار بولده.

وامتناع الأم عن الرضاعة ضار بالمولود له، وهذا منهي عنه.

٠٤ ولأن النكاح عقد سكن ولا يحصل إلا باجتماع الأب والأم على تحقيق مصالح النكاح ومنها إرضاع الولد.

ومما تقدم يتضح لنا أن القول الراجح هو القول الثاني القائل بأن الرضاعة إنما هي حق للطفل على الأم في حالة استطاعتها ذلك، للأدلة الآنفة الذكر، وهو المفتى به عند المذاهب الفقهية، ومنها المذهب الحنفي.

وأما في حالة عدم استطاعتها ذلك، بأن تكون الأم غير قادرة على الرضاعة، فيتعين على الأب وجوباً أن يأتي بمرضعة إن وجدها ولو بأجر، أو أن يشتري حليباً اصطناعياً، كما هو معروف اليوم، ليتمكن الطفل من الغذاء، وهو ما جرى عليه عرف الناس اليوم والمعروف عرفاً كالمشروط شرطاً.

لكن الرضاعة الطبيعية هي الأصل، لما فيها من فوائد صحية وغذائية، وقد أثبت العلم فائدتها، وأما الرضاعة الاصطناعية، فهي استثناء من هذا الأصل، فلا يُلجأ إليها إلا عند الحاجة والضرورة، والضرورة تقدر بقدرها (٢) .

حق رضاعة الطفل في القانون الدولي:

أخذ قانون الأحوال الشخصية الأردني بالقول الثاني، فنص في المادة (١٥٠) على ما يلي:

" تتعين الأم لإرضاع ولدها، وتجبر على ذلك إذا لم يكن للولد، ولا لأبيه مال يستأجر به، ولم توجد متبرعة، أو إذا لم يجد الأب من ترضعه غير أمه، أو إذا كان لا يقبل ثدي غيرها".

---

(١) سورة البقرة/ ٢٣٣.
(٢) أحكام الزواج في الشريعة الإسلامية، د. محمد أبو يحيى ص ٣٩٠.

ثالثاً: حق الحضانة في الإسلام والقانون:

حق الحضانة في الإسلام:

الحضانة في الإسلام حق للأم عند نزاعها مع زوجها ومفارقتها له وذلك بكمال شفقة الأم، ثم لأمهاتها القربى فالقربى، ثم إلى قريبات الأم من غير الأمهات، ثم لقريبات الأب، ثم إلى الأب إذا انعدمت النساء، علماً بأنه يوجد اختلاف بين المذاهب الفقهية في ترتيب الحاضنات بعد أم المحضون، وأم أمه، لا مجال لذكرها هنا.[1]

ودليل هذا الحق: ما رواه عمرو بن شعيب عن أبيه عن جده أن امرأة قالت: يا رسول الله، إن ابني هذا كان بطني له وِعاء، وثديي له سِقاء، وحجري له حَواء، وإنّ أباه طلقني، وأراد أن ينتزعه مني، فقال رسول الله صلى الله عليه وسلم "أنت أحق به ما لم تنكحي" [2] أي: تتزوجي.

ويشترط في الحاضنة:[3]

١. أن تكون أمينة على الطفل، عالمة بمصالحه، فلا تكون مستخفة ولا منحرفة.
٢. أن تكون متفرغة، فلا تكون متزوجة، ولا عاملة بحيث لا ترعى شؤونه.
٣. أن تكون مسلمة، فلا ينبغي أن يوضع الطفل المسلم تحت رعاية من لا يأتمن على دينه وخلقه من الوثنيات والمشركات، وأما الكتابيات فعلى خلاف في ذلك، والأولى أن لا تكون الحاضنة كتابية، لما لها من تأثير بالغ على الطفل وتربيته تربية غير إسلامية وخاصة في غياب أبيه المسلم.

---

(1) انظر: أحكام الزواج في الشريعة الإسلامية، د. محمد أبو يحيى ص ٣٩٥ وأهداف التشريع الإسلامي د.محمد أبو يحيى، ص ٥٢٨-٥٩٩ .

(2) أخرجه أبو داود في سننه ٢٨٣/٢، حديث ٢٢٧٦، كتاب الطلاق، باب من أحق بالولد.

(3) أحكام الزواج في الشريعة الإسلامية المرجع السابق ص ٣٩٥.وأهداف التشريع الإسلامي، المرجع السابق ص٥٢٨-٥٢٩.والإسلام وبناء المجتمع، أحمد محمد العسال، مطبعة الجزيرة، دار السلام، مصر، ودار القلم، بيروت، ١٣٩٩هـ-١٩٧٩م. ص٢٤٥.

٤. أن لا تتركه يعيش في مسكن مبغضيه.

حق الحضانة في القانون:

وقد بينت المادة ١٥٤ من قانون الأحوال الشخصية الأردني صاحب الحق في الحضانة على ما يلي:" الأم النسبية أحق بحضانة ولدها، وتربيته حال قيام الزوجية وبعد الفرقة، ثم بعد الأم يعود الحق لمن تلي الأم من النساء حسب الترتيب المنصوص عليه في مذهب الإمام أبي حنيفة رحمه الله" كما بينت المادة (١٥٥) شروط الحاضنة، فنصت على ما يلي:

"يشترط في الحاضنة أن تكون بالغة عاقلة أمينة، لا يضيع الولد عندها لانشغالها عنه قادرة على تربيته وصيانته، وأن لا تكون مرتدة، ولا متزوجة بغير محرم للصغير، وأن لا تمسكه في بيت مبغضيه".

وهناك مواد أخرى وردت في قانون الأحوال الشخصية الأردني بينت أحكام الحضانة، راجع المادة ١٥٦، ١٥٧، ١٥٨، ١٥٩، ١٦٠، ١٦١، ١٦٢، ١٦٣، ١٦٤، ١٦٥، ١٦٦.

رابعاً: حق ثبوت نسب الطفل في الإسلام والقانون :

حق ثبوت نسب الطفل في الإسلام:

أ - حق ثبوت نسب الطفل الشرعي من زواج صحيح[1] :

أقر الإسلام حق ثبوت نسب الطفل إلى الأب والأم ثبوتاً شرعياً، شريطة أن يأتي على فراش الزوجية الصحيحة لقوله صلى الله عليه وسلم:" الولد للفراش، وللعاهر الحجر"[2].

واختلف العلماء المسلمون في سبب ثبوت نسب الولد للأبوين، هل هو مجرد وجود العقد الصحيح ؟ أم لا بد من إمكان الدخول مع وجود هذا العقد، على قولين:

القول الأول: إن سبب ثبوت النسب، هو العقد الصحيح من غير اشتراط الدخول، أو إمكانه، وهذا قول الحنفية.

القول الآخر: إن سبب ثبوته هو العقد الصحيح مع إمكان الدخول، وهذا قول جمهور العلماء.

وقد أخذ قانون الأحوال الشخصية الأردني بالقول القائل بثبوت نسب المولود لأبويه بعد عقد زواج شرعي وخلوة شرعية صحيحة، مع تحقق شرط ذلك، فنص في المادة (١٤٨) على ما يلي:" ولد الزوجة من زواج صحيح أو فاسد بعد الدخول أو الخلوة الصحيحة، إذا ولد لستة أشهر، فأكثر من تاريخ الدخول، أو الخلوة الصحيحة، يثبت نسبه للزوج، وإذا ولد بعد فراق لا يثبت نسبه إلا إذا جاءت به خلال سنة من تاريخ الفراق.

---

(1) انظر: أحكام الزواج في الشريعة الإسلامية، د. محمد أبو يحيى ٢٦٩-٢٧٠.

(2) أخرجه الترمذي في سننه، حديث ١١٥٧، كتاب الرضاع باب ٨ ما جاء أن الولد للفراش، والبخاري كتاب الحدود ومسلم كتاب الرضاع.

والحكمة من ثبوت النسب إلى أبويه[1] :-

٠١ دفع العار عن نفس الطفل، حتى لا يكون ولد زنا.

٠٢ الاعتراف بحقوق الطفل الشرعية المتولدة عن الزواج الصحيح، وأهمها حق الرضاع والحضانة والإرث، وحرمة المصاهرة، والتربية والتعليم ٠٠٠ وغيرها.

٠٣ الاعتراف بحق الأب في ثبوت الولاية على الطفل ما دام صغيراً، وحق ضمه إليه عند انتهاء وحضانة أمه له، وحق إرثه إذا مات الطفل قبله، وصلاحيته لأن يكون خصماً في دعوى النسب منه، وأن ينفق الابن على أبيه إذا كان محتاجاً، متى كان الابن قادراً على الكسب وغير ذلك من حقوق أخرى تجب للأب على ابنه.

٠٤ والاعتراف بحقوق الأم على الطفل، ومنها: حقها في صيانته من الضياع، ودفع تهمة الزنا عن نفسها، ولهذا صلحت الأم أن تكون خصماً في دعوى نسب ابنها من أبيه ما دام في يدها، لا فرق بين أن تكون الدعوى مجردة خالصة، وبين أن تكون ضمن دعوى أخرى كنفقة أو حضانة٠

وحقها في ميراثه إذا مات قبلها وكان له مال، وحقها في النفقة، وغير ذلك من الحقوق.

---

(1) أحكام الزواج في الشريعة، محمد أبو يحيى، ص٢٧٠، ٣٨٩. والفقه المقارن للأحوال الشخصية، بدران أبو العينين بدران ٤٨٨/١، دار النهضة العربية، بيروت.

ب - حق ثبوت نسب الطفل من زواج فاسد:

ويكون الزواج فاسداً إذا تخلف أحد شروط صحته، ومنها: ألا يكون بين محرمين وأن يعقد بحضور شاهدين رجلين أو رجل وامرأتين على خلاف بين العلماء فإذا لم تتوافر شروط صحته أو تخلف أحدهما، وتم الدخول بالزوجة بالرغم من فساد العقد، ثبت نسب الطفل الذي يولد نتيجة له من أبيه على الرغم من فساده، وما يقتضيه ذلك من التفريق بين الزوجين، ولكن يشترط لصحة نسب الطفل، ألا ينكره الزوج، أو ينازع فيه.

وأما إذا لم يتم الدخول بها، فلا يثبت نسبه بالزواج الفاسد وهذا عند الحنفية[1]. وأما عند الجمهور فلا يثبت نسب الطفل بالزواج الفاسد، سواء دخل الزوج بالزوجة أم لم يدخل.[2].

ج - حق ثبوت نسب الطفل من وطئ بشبهة:

وذلك بالتقاء الرجل بالمرأة اعتقاداً منهما بشرعية دخول أحدهما بالآخر، ثم يتبين عكس ذلك، كما لو دخل رجل بامرأة ظناً منه أنها زوجته، ثم تبين له أنها امرأة أخرى غيرها، أو يكتشف أنها أخته في الرضاعة.

---

(1) بدائع الصنائع في ترتيب الشرائع ٥٥٣/٣، ط١، والاختيار لتعليل المختار، للموصلي، ١٠٤/٢، دار المعرفة، بيروت، وفتح القدير ٤٠/٥،ط١، ١٣٨٩م، البابي الحلبي وأولاده، وحاشية ابن عابدين ١٩٨/٥ ط٢،عيسى- البابي الحلبي /القاهرة، وتشريعات حماية الطفولة حسني نصار ص ٣٢٣ منشأة المعارف الاسكندرية، وأحكام الزواج في الشريعة الإسلامية، د٠محمد أبو يحيى ص ٤٠٨، ٤١٠، ٤١١.

(2) أحكام الشريعة الإسلامية في الأحوال الشخصية، عمر عبدالله ص٨٨، دار المعارف مصر- ط ١٩٥٦م والفقه الإسلامي وأدلته، وهبة الزحيلي ١٠٩/٧، ١١٢، دار الفكر، دمشق، ط٣، ١٩٨٩م٠ والفقه المقارن للأحوال الشخصية، بدران أبو العينين بدران ١٧٦/١، ١٧٧، ١٧٨، دار النهضة العربية، بيروت، وأحكام الزواج في الشريعة الإسلامية، محمد أبو يحيى ٤٠٨، ٤٠٩، ٤١٠.

وفي هـذه الحالـة لا يثبـت نسـب الطفـل مـن أبيـه، إلا إذا دعـاه الأب وتمسك به[1].

د- حق ثبوت نسب الطفل من نكاح باطل:

الزواج الباطل: هو الزوج الذي تخلف ركن مـن أركانـه، أو شرط مـن شروط الانعقـاد التـي تتعلـق بالصيغة أو أهليـة العاقـدين أو أهليـة محـل العقـد (الـزوج والزوجة)[2].

وفي ثبوت نسـب الطفـل بـالزواج الباطـل خـلاف بـين علـماء المسـلمين عـلى قولين:[3].

القول الأول: لا يثبت نسب الطفل بالزواج الباطل وسـواء دخـل الـزوج أو لم يدخل بالزوجة، وهذا رأي جمهور الفقهاء وقول عند الحنفية.

ووجه ذلك: أن نسب الإنسان لا يثبت حقيقة إلا بـالزواج الصـحيح، والـزواج الباطل ليس زواجاً حقيقة، فلا يثبت به نسب الطفـل، ولأن الـدخول بالعقـد الباطـل زنا، إلا أن فيه شبهة أسقطت الحد، فلا يثبت نسب الطفل من الرجل الذي دخل بمن تزوجها بناء على العقد الباطل بينهما، إذا حملت به من هذا الدخول.

القول الآخر: يثبت به نسب الطفل بدخول الزوج بالزوجـة، لا قبـل الـدخول بها، وذلك لدخول العقد صورة، وهذا قول آخر عند الحنفية.

---

(1) تشريعات حماية الطفولة، حسني نصار ص ٣٢٣، ٣٢٤.

(2) انظر: أحكام الزواج في الشريعة الإسلامية /د. محمد أبو يحيى ص ٤٠٤.

(3) انظر: المرجع السـابق ص ٤٠٩-٤١٠، والفقـه الإسـلامي وأدلتـه، د. وهبـة الـزحيلي ١١٢/٧، دارالفكـر، دمشـق، ط٣، ١٩٨٣م، والفقه المقارن للأحوال الشخصية، بدران أبو العينين بدران ١٧٨/١، دار النهضة العربية، بيروت.وأحكام الشـريعة الإسلامية في الأحوال الشخصية لعمر عبدالله ص ٨٩-٩١، دار المعارف، مصر، ١٩٥٦م.

هـ- حق ثبوت نسب الطفل المولود من أب مجهول أو أبوين مجهولين:

يعتبر الطفل في هذه الحالة مجهول النسب بغض النظر عن شرعية العلاقة التي ولد نتيجة لها ويكون الحاكم المسلم هو وليه[١] لقوله صلى الله عليه وسلم:" فإن اشتجروا، فالسلطان ولي من لا ولي له"[٢].

وبناء على ذلك يجب عليه تسليمه للجهة المسؤولة عن رعايته وإيوائه، وهي تقوم بتسميته وتحديد البيانات الخاصة به في السجل المدني، واستخراج شهادة بميلاده تطبيقاً للتعليمات الواردة في ذلك[٣].

وفي حكم ذلك اللقيط الذي ألقاه شخص في مكان ما سواء أكان مجهولاً أم معروفاً، لكن أنكر نسبه[٤].

وبناء على ذلك، فإنه يجب على الدولة أن تتولى رعاية اللقيط وأن تترك ثبوت نسبه إلى أن يتقدم ممن يدعي أبوته له، ليقر بهذا النسب[٥].

ويرى الفقهاء المسلمون ما عدا الشافعي الإقرار بنسب اللقيط لمن يدعي بنوته، إذا كان في ذلك تحقيق لمصلحته، دون حاجة إلى تحري الظروف التي أحاطت بمولده[٦] .

و - حق ثبوت نسب ابن الزنا وابن اللعان:

ابن الزنا: هو من وُلد على فراش غير الزوجية الصحيحة، وكان ثمرة الزنا الواقع بين رجل وامرأة[٧] .

---

(١) تشريعات حماية الطفولة، حسني نصار، ص ٣٢٤، ٣٣١.
(٢) البيهقي في سننه ١٤٨/١٠ حديث (٢٠٣١٣) ط١، مكتبة دار الباز، مكة المكرمة، ١٩٩٤م.
(٣) تشريعات حماية الطفولة ص ٣٢٤ .
(٤) تشريعات حماية الطفولة، حسني نصار ص ٣٣١ - ٣٣٢ .
(٥) المرجع نفسه ٣٣٢ - ٣٣٤.
(٦) المرجع نفسه.
(٧) أحكام المواريث في الشريعة الإسلامية، حسن عبداللطيف، مؤسسة شباب الجامعة، الاسكندرية، ص٢٧٤. والميراث في الشريعة الإسلامية،د. محمد أبو يحيى ص ٢١٧.

وابن اللعان: هو الولد الذي ولدته أمه على فراش الزوجية الصحيحة شرعاً، لكن الزوج أنكره، واتهم أمه بالزنا دون بينة، وقد حكم القاضي بنفي ثبوت نسبه منه بعد إجراء اللعان المعروف شرعاً بين الزوجين[1].

ولا خلاف بين علماء المسلمين في عدم ثبوت نسب ابن الزنا وابن اللعان من أبيهما، فكل منهما ليس له أب شرعي ينتسب إليه، ويلتحقان بأمهما يقيناً ناشئاً عن واقعة ولادة[2].

حق ثبوت نسب الطفل في القانون:

بينت المادة (٤١) والمادة (٤٢) من قانون الأحوال الشخصية الأردني (فضلاً عن المادة (١٤٨) منه والتي سبق بيانها) حكم ثبوت نسب الطفل من زواج باطل وزواج فاسد على النحو التالي:

المادة:(٤١) " الزواج الباطل سواء وقع به دخول، أو لم يقع دخول لا يفيد حكماً أصلاً، وبناء على ذلك لا يثبت بين الزوجين أحكام الزواج الصحيح كالنفقة والنسب والعدة وحرمة المصاهرة والإرث ".

المادة: (٤٢) "الزواج الفاسد الذي لم يقع به دخول لا يفيد حكماً أصلاً، أما إذا وقع به دخول، فيلزم به المهر والعدة، ويثبت النسب وحرمة المصاهرة، ولا تلزم الأحكام كالإرث والنفقة قبل التفريق، أو بعده ".

---

(١) احكام المواريث في الشريعة الإسلامية، حسن عبداللطيف، مؤسسة شباب الجامعة، الاسكندرية، ص٢٧٤. والميراث في الشريعة الإسلامية،د٠ محمد أبو يحيى ص ٢١٧، والأحوال الشخصية، محمد شحاته الحسيني، ص١٦٩، مطبعة دار التأليف، مصر، ط٥، ١٩٦٩م.

(٢) انظر: نفس المراجع السابقة، ونفس المكان، وتشريعات حماية الطفولة، حسني نصار ص ٣٣٢ ٠

خامسا: حق ميراث الطفل في الإسلام والقانون:

حق ميراث الطفل في الإسلام:

أ - حق الطفل الذي ثبت نسبه في الميراث:

كرّم الإسلام الطفل، فجعل ميراثه عند ثبوت نسبه كميراث البالغ العاقل، فهو يرث بالفرض إذا كان أنثى، وبالتعصيب بالغير إذا اجتمعت البنات مع الأبناء، للذكر ضعف الأنثى وبالتعصيب مع الغير إذا اجتمعت الأخوات مع البنات٠ والابن والبنت لا يحجبان حجب حرمان، والبنت تحجب حجب نقصان، فترث الواحدة النصف فرضاً، وترث الاثنتان الثلثين فرضاً إذا لم يكن عاصب ذكر، ويرد على البنات إذا نقصت أسهم الورثة عن أصل المسألة ٠

وخلاصة القول: إن الطفل، سواء أكان ذكراً أم أنثى فإنه يرث من أبويه ومن أقارب أبويه شأنه في ذلك شأن البالغ[1]. والأصل في ميراث الأبناء مع البنات قوله تعالىيُوصِيكُمُ اللَّهُ فِي أَوْلَادِكُمْ لِلذَّكَرِ مِثْلُ حَظِّ الْأُنْثَيَيْنِ ۚ "[2]. وقوله تعالى:" فَإِنْ كُنَّ نِسَاءً فَوْقَ اثْنَتَيْنِ فَلَهُنَّ ثُلُثَا مَا تَرَكَ وَإِنْ كَانَتْ وَاحِدَةً فَلَهَا النِّصْفُ "[3]. وقوله تعالى إِنِ امْرُؤٌ هَلَكَ لَيْسَ لَهُ وَلَدٌ وَلَهُ أُخْتٌ فَلَهَا نِصْفُ مَا تَرَكَ وَهُوَ يَرِثُهَا إِنْ لَمْ يَكُنْ لَهَا وَلَدٌ فَإِنْ كَانَتَا اثْنَتَيْنِ فَلَهُمَا الثُّلُثَانِ مِمَّا تَرَكَ وَإِنْ كَانُوا إِخْوَةً رِجَالًا وَنِسَاءً فَلِلذَّكَرِ مِثْلُ حَظِّ الْأُنْثَيَيْنِ ۗ "[4].

([1]) راجع كتب الميراث، وفي ذلك تفصيل لعلم الميراث.

([2]) سورة النساء / ١١.

([3]) سورة النساء / ١١.

([4]) سورة النساء / ١٧٦.

وقوله تعالى:" وَإِنْ كَانَ رَجُلٌ يُورَثُ كَلَالَةً أَوِ امْرَأَةٌ وَلَهُ أَخٌ أَوْ أُخْتٌ فَلِكُلِّ وَاحِدٍ مِنْهُمَا السُّدُسُ فَإِنْ كَانُوا أَكْثَرَ مِنْ ذَلِكَ فَهُمْ شُرَكَاءُ فِي الثُّلُثِ مِنْ بَعْدِ وَصِيَّةٍ يُوصَى بِهَا أَوْ دَيْنٍ غَيْرَ مُضَارٍّ وَصِيَّةً مِنَ اللَّهِ وَاللَّهُ عَلِيمٌ حَلِيمٌ(١٢) "[١].

ب - حق الطفل الذي لم يثبت نسبه من أبيه في الميراث:

٠١ من لم يثبت نسبه من أبيه ليس له الحق في ميراثه، سواء أكان ذلك ولد زنا أم ولد ابن اللعان أم كان مجهول الحال كابن اللقيط.

وهل يثبت ميراث ولد الزنا وولد ابن اللعان من الأم، وأقارب الأم، بناء على أن نسبهما يلحق بهؤلاء جميعاً.

يرى جمهور الفقهاء ثبوت التوارث بينهما وبين أمهما وأقارب أمهما لثبوت النسب بينهما٠

والفرق بين ولد الملاعنة وولد الزنا، أن ولد الملاعنة، يلحق الملاعن إذا استلحقه، وولد الزنا لا يلحق الزاني في قول الجمهور[٢].

ووجه قول الجمهور:

ما روي عن ابن جابر قال: "جعل رسول الله صلى الله عليه وسلم ميراث ابن الملاعنة لأمه، ولورثتها من بعدها"[٣].

---

(١) سورة النساء / ١٢.

(٢) انظر: الميراث في الشريعة الإسلامية، من الناحية الفقهية والتطبيقية، د٠محمد أبو يحيى ص ٢١٧، المركز العربي، عمان، الأردن، وفيه تفصيل حول ذلك.

(٣) أخرجه أبو داود في سننه ١٢٥/٣، كتاب الفرائض، حديث (٢٩٠٧).

وعن عمرو بن شعيب عن جده قال: قال رسول الله صلى الله عليه وسلم:" **من عاهر أمة أو حرة، فولده ولد زنا، لا يرث ولا يورث**"[1].

وعن وائلة بنت الأسقع عن النبي صلى الله عليه وسلم قال:" **المرأة تحرز ثلاثة مواريث عتيقها ولقيطها وولدها الذي لاعنت عنه**"[2].

وأما كيفية ميراثهما: فقيل يجري التوارث بين كل منهما وبين أمه وأقارب أمه طبقاً للقواعد والشروط العامة التي تحكم الميراث لكن لا تعتبر عصبة أمه عصبة له، وقيل يجري التوارث بين كل منهما وبين أمه وأقارب أمه مع اعتبار عصبة أمه عصبة له[3].

حق ميراث الطفل في القانون:

٠١ ميراث الطفل الذي يثبت نسبه في القانون تحكمه نفس قواعد الميراث التي أشرت إليها.

٠٢ وأما ميراث ولد الزنا وولد ابن اللعان، فقد بينت المادة (٣٤٦) من مشروع الميراث: "يرث ولد الزنا من أمه وقرابتها، وترثه أمه وقرابتها، وكذلك ولد اللعان".

(1) أخرجه ابن ماجه في سننه ٩١٧/٢ كتاب الفرائض، باب في ادعاء الولد حديث (٢٧٤٥).

(2) أخرجه أبو داود في سننه ١٢٥/٣، كتاب الفرائض، حديث (٢٩٠٦) وابن ماجه في سننه ٩١٦/٢، كتاب الفرائض حديث (٢٧٤٢) واللفظ لأبي داود.

(3) راجع ذلك في الميراث في الشريعة، د. محمد أبو يحيى، ص ٢١٨ وما بعدها.

سادساً: حق الطفل في الولاية والوصاية في الإسلام والقانون:

حق الطفل في الولاية والوصاية في الإسلام:

جعل الإسلام كلاً من الولاية والوصاية حقاً للطفل لمباشرة حقوقه والقيام بها أحسن قيام في حدود الشرع رعاية لمصالحه وحفظاً لحقوقه من الضياع وتنمية لأمواله.

وقد جعل الإسلام الولاية نوعين:[1]

النوع الأول: الولاية على المال، ويكون موضوعها المال، وهي سلطة شرعية تعطى للولي بموجبها يتمكن من إنشاء العقود المالية لغيره، دون أن يتوقف ذلك على إذنه .

وهي تختلف باختلاف سبب الحجر، فإن كان لصغر أو جنون أو علة، فإن الولاية تثبت للولي الشرعي، وهو الأب، ثم وصيه، والجد ثم وصيه، والقاضي أو من يقوم مقامه، وإن كان لسفه أو غفلة، فإن الولاية تكون للقاضي، أو من يختاره القاضي، ولا تكون للولي، وهذا إذا بلغ رشيداً، ثم حجر عليه لسفه أو غفلة، أما إذا بلغ سفيهاً أو ذا غفلة، فإن الولاية تستمر عليه حتى يرشد .

والولاية على النفس: وهي عبارة عن سلطة شرعية تعطى للولي بقصد إنشاء عند الزواج لغيره دون أخذ رضاه، وهي باعتبار المولى عليه نوعان: ولاية إجبار وولاية ندب أو اختيار.

---

(١) الأحوال الشخصية، للشيخ شحاتة الحسيني ص ٥، وراجع أحكام الزواج في الشريعة الإسلامية، د. محمد أبو يحيى ص ٢١٠ وما بعدها، وفيه تفصيل لولاية الإجبار على الزواج وولاية الاختيار عليه.

حق الطفل في الولاية والوصاية في القانون:

نصت المادة (١٢٣) من القانون المدني الأردني (المذكرة الإيضاحية) على ما يلي: "ولي الصغير هو أبوه، ثم وصي أبيه، ثم جده الصحيح، ثم وصي الجد، ثم المحكمة، أو الوصي الذي نصبته المحكمة".

فهذه المادة تعالج الولاية والوصاية في المال.

وأما الولاية في التزويج فقد عالجته المادة (٩) من قانون الأحوال الشخصية الأردني، ١٩٧٦م.

ونصها " الولي في الزواج هو العصبة بنفسه على الترتيب المنصوص عليه في القول الراجح من مذهب أبي حنيفة "٠

ومعلوم أن زواج الطفل والطفلة اللذين لم يبلغا سناً معينة وهي سن البلوغ لا يجوز ولا يصح، بناء على المادة (٥) من قانون الأحوال الشخصية الأردني، ونصها:

"يشترط في أهلية الزواج أن يكون الخاطب والمخطوبة عاقلين، وأن يتم الخاطب السنة السادسة عشرة، وأن تتم المخطوبة السنة الخامسة عشرة من العمر".

الخاتمــة

وهي خلاصة بأهم النتائج التي توصلت إليها، وأهمها:
أولاً: أقر الإسلام للجنين بأهلية معينة لاكتساب الحقوق وفق التالي:
٠١ للجنين أهلية وجوب ناقصة صالحة لاكتساب بعـض الحقـوق التـي لا تحتـاج إلى
القبول، كالميراث والوصية والاسـتحقاق في الوقـف، أمـا الحقـوق التـي تحتـاج إلى
القبول كالهبة، فلا تثبت له، وإن كانت نافعة نفعاً محضاً له.
٠٢ إن أهلية الوجوب الناقصة للجنين تثبت له بشرط أن يولد حياً.
٠٣ ليس للجنين أهلية أداء، إذْ لا يتصور صدور أي تصرف منه لعجزه الكامل.
٠٤ تثبت للجنين بعد انفصاله من بطن أمه حياً ذمة كاملة، فتثبت له أهلية وجـوب
كاملة، فتجب الحقوق له وعليه، فكل حق يمكن أداؤه عـن الطفـل يجـب عليـه،
وما لا يمكن أداؤه عنه، لا يجب عليه.
٠٥ إن أهلية الأداء منعدمة تماماً في حق الطفل عديم التمييز لعدم تمييزه.
٠٦ يثبت للطفل أهلية وجوب كاملة ببلوغـه السـن السـابعة، فتثبـت الحقـوق لـه
وعليه (وفي حدود ما تثبت للطفل عديم التمييز) ٠
٠٧ تثبت أهلية الأداء للطفل المميز ناقصة لنقصان عقله، ويترتب على هـذه الأهليـة
الناقصة صحة الأداء منه لا الوجوب بالنسبة للإيمان وسائر العبادات البدنية.
وأما التصرفات المالية فحكمها:
أ – إن كانت نافعة نفعاً محضاً له كالتبرعات إليـه فجـائزة دون أن تتوقـف عـلى
إجازة وليه.

ب - وإن كانت ضارة ضرراً محضاً وهي تبرعاته للغير، فهذه لا تصح منه، ولا يملك الولي تصحيحها بالإجازة.

ج - وإن كانت دائرة بين النفع والضرر كالبيوع، فتتوقف على إجازة صاحب الشأن وهو وليه لنقص أهلية الطفل.

٠٨ وهناك حقوق أخرى وقائية للجنين تثبت له من أجل حمايته والمحافظة على صحته وضمان التأثير على تربيته تأثيراً إيجابيا.

ويرى القانون الدولي إثبات الشخصية القانونية للجنين والطفل لاكتساب بعض الحقوق، ضمن حدود معينة.

ثانياً: أقر الإسلام والقانون الدولي الحقوق العامة التالية للطفل:

٠١ حقه في اسم يسمى به يميزه عن غيره.

٠٢ حق حماية حياته وعرضه وعقله وماله.

٠٣ حق احترامه وحماية كرامته الإنسانية.

٠٤ حق تربيته تربية صحيحة.

٠٥ حق العدل والمساواة.

٠٦ حق الحريات بما يتناسب مع مستواه العقلي.

أ.حرية العقيدة والعبادة، وهي تابعة لعقيدة والده.

ب.حرية الفكر والرأي والتعبير.

ج.حرية التعليم والتعلم.

د. حرية الإقامة والانتقال، وهما تابعان لإقامة والديه وانتقالهما.

هـ.حرية الجنس والتجنس، وهما تابعان لوالديه، أو بلد المولد، أو البلد الذي وجد فيه كحالة اللقيط (أي الطفل المتروك).

ثالثاً: أقر الإسلام حقوقاً خاصة للطفل.

ويحكم هذه الحقوق القانون الخاص للدولة التي يوجد فيها الطفل، وهذه الحقوق في المملكة الأردنية الهاشمية يحكمها قانون الأحوال الشخصية الأردني وأهمها:

١. حق النفقة.
٢. حق الرضاعة.
٣. حق الحضانة.
٤. حق ثبوت النسب.
٥. حق الميراث.
٦. حق الولاية والوصاية.

رابعاً: وإن الإسلام قد اعترف للطفل بحقوقه، أكثر من ألف وأربعمائة عام، بينما القانون الدولي لم يعترف بذلك إلا في فترة زمنية قريبة، وإن اعترافه بذلك لم يكن شاملاً لكل الدول التابعة للأمم المتحدة، ولم يكن شاملاً للحقوق التي اعترف الإسلام بها للطفل.

خامسا: إن حماية حقوق الطفولة في الإسلام تتحقق بتشريع وسائل أهمها:

الأجر العظيم الذي يحصل عليه من يقوم بالوفاء بحقوق الطفل .

العقوبة الدنيوية لمن يعتدى على حقوقه في الدنيا .

العقوبة الأخروية وهي العذاب الشديد لمن يعتدى على حقوقه بغير وجه حق.

وأما حماية حقوق الطفولة في ظل الأنظمة الوضعية فتنظمها العقوبة الوضعية، وهي غير قادرة على حمايتها.

سادسا: إن العمل ليس حقاً للطفل؛ لأنه في سن الطفولة يحتاج إلى التربية والتعليم، والعمل يكون على حسابهما، وإذا عمل الطفل تحت أي ظرف من الظروف فهو استثناء من الأصل، وفي هذه الحالة يجب على الدول أن تُشرع القوانين التي تحميه، وتبعده عن قسوة العمل، وتهيئ له الظروف التي تساعده عل التربية والتعليم.

سابعاً: إن الطفل وإن كان غير قادر على ممارسة بعض الحقوق بنفسه، فإنه يكون قادراً على ذلك بوساطة غيره، وهو الولي الشرعي أو الوصي.

وآخر دعوانا أن الحمد لله رب العالمين
والصلاة والسلام على أشرف المرسلين سيدنا محمد
صلى الله عليه وعلى آله وصحبه وسلم تسليما كثيراً.

المصادر والمراجع

١-   القرآن الكريم.

٢-   أحكام الزواج في الشريعة الإسلامية، محمد حسن أبو يحيى، المركز العربي للخدمات الطلابية، عمان، الأردن، ١٩٩٨م.

٣-   أحكام الشريعة الإسلامية في الأحوال الشخصية، عمر عبدالله، دار المعارف، مصر، ١٩٥٦م.

٤-   أحكام المواريث في الشريعة الإسلامية، حسن عبداللطيف، مؤسسة شباب الجامعة، الاسكندرية.

٥-   الأحوال الشخصية، محمد شحاته الحسيني، مطبعة دار التأليف، مصر، ط٥، ١٩٦٩م.

٦-   الاختيار لتعليل المختار، عبدالله بن محمود بن مودود، (ت٦٨٣هـ - ١٢٨٤م)، دار المعرفة، بيروت.

٧-   الإسلام وبناء المجتمع، أحمد محمد العسال، مطبعة الجزيرة، دار السلام، مصر، دار القلم، بيروت، ١٣٩٩هـ - ١٩٧٩م.

٨-   أهداف التشريع الإسلامي، محمد حسن أبو يحيى، دار الفرقان، عمان، الأردن، ط١، ١٩٨٥م.

٩-   بدائع الصنائع في ترتيب الشرائع، أبو بكر علاء الدين مسعود الكاساني، (ت ٥٨٧هـ - ١١٩١م)، دار الكتاب العربي، بيروت، ط٢، ١٤٠٢هـ- ١٩٨٢م.

١٠- تربية الأولاد في الإسلام، محمد عقلة، مكتبة الرسالة الحديثة، عمان، الأردن، ١٩٨٣م.

١١- تربية الطفل في الإسلام، محمد عقلة، مكتبة الرسالة الحديثة، عمان، الأردن، ١٩٩٠م.

١٢- تشريعات حماية الطفولة، حسني نصار، منشأة المعارف، الاسكندرية.

١٣- التشريع الجنائي الإسلامي، مقارناً بالقانون الوضعي، عبدالقادر عودة، مؤسسة الرسالة، بيروت، ط٣، ١٩٩٤م.

١٤- الجامع لأحكام القرآن، أبو عبدالله محمد بن أحمد الأنصاري القرطبي، (ت ٦٧١هـ - ١٢٧٢م)، دمشق، مؤسسة مناهل العرفان، بيروت.

١٥- الجامع الصغير، جلال الدين عبدالرحمن السيوطي،(ت ٩١١هـ - ١٥٠٥م)، بشرح فيض القدير، محمد عبدالرؤوف المناوي، (ت ١٠٣١هـ - ١٦٢١م)، دار القكر، بيروت، ١٩٧٢م.

١٦- حقوق الإنسان، عبدالسلام الترمانيني، دار الكتاب الجديد، بيروت، ط٢، ١٩٧٦م.

١٧- حقوق الإنسان وحرياته الأساسية في النظام الإسلامي والنظم المعاصرة، عبدالوهاب الشيشاني، مطابع الجمعية العلمية الملكية، عمان، الأردن، ط١، ١٩٩٨م.

١٨- حقوق الطفل، جان شازال، ترجمة ميشال أبي فاضل، دار عويدات، بيروت وباريس، ط١، ١٩٨٣م.

١٩- دور حرية الرأي في الوحدة الفكرية بين المسلمين، عبدالمجيد النجار، المعهد العالمي للفكر الإسلامي، سلسلة أبحاث علمية.

٢٠- رد المحتار على الدر المختار شرح تنوير الأبصار، المسماة: بحاشية ابن عابدين، محمد أمين بن عمر بن عابدين، (ت ١٢٥٢هـ - ١٨٣٦م)، مكتبة ومطبعة الباي الحلبي، القاهرة، ط٢.

٢١- زاد المعاد في هدي خير العباد، محمد بن أبي بكر بن أيوب بن سعد الزرعي، ابن قيم الجوزية، (ت ٧٥١هـ - ١٣٥٠م)، دار إحياء التراث العربي، بيروت.

٢٢- سنن ابن ماجه، أبو عبدالله محمد بن يزيد القزويني، (ت ٢٧٥هـ - ٨٨٨م)، دار الفكر، بيروت، ودار الكتب العلمية، بيروت.

٢٣- سنن أبي داود، سليمان بن الأشعث السجستاني الأزدي، (ت ٢٧٥هـ - ٨٨٨م)، دار الفكر، بيروت، ودار الحديث، بيروت.

٢٤- سنن الترمذي، (الجامع الصحيح)، أبو عيسى محمد بن عيسى بن سورة، (ت٢٧٩هـ - ٨٩٢م)، تحقيق محمد أحمد شاكر وآخرين، دار إحياء التراث العربي، بيروت.

٢٥- السنن الكبرى، أبو بكر أحمد بن الحسين بن علي البهيقي، (ت٤٥٨هـ - ١٠٦٥م)، مكتبة الباز، مكة المكرمة، ١٩٩٤م.

٢٦- سنن النسائي، أبو عبدالرحمن أحمد بن شعيب بن علي، (ت ٣٠٣هـ - ١٩١٥م)، دار الجيل، ١٩٨٧م.

٢٧- الشرح الكبير، أبو البركات سيدي أحمد الدردير، (ت ١٢٠١هـ - ١٧٨٦م)، هامش حاشية الدسوقي، مكتبة ومطبعة عيسى البابي الحلبي وشركاه، القاهرة.

٢٨- صحيح البخاري، أبو عبدالله محمد بن إسماعيل، (ت ٢٥٦هـ - ٨٦٩م)، دار ابن كثير اليمامة، بيروت، ط٣، ١٩٨٧م، ودار الكتب العلمية، بيروت، المكتبة الإسلامية، استانبول.

٢٩- صحيح مسلم، أبو الحسين بن الحجاج القشيري النيسابوري، (ت ٢٦١هـ - ٨٧٤م)، دار إحيار التراث العربي، بيروت، ١٩٥٤م، ودار الخير، بيروت، ط١.

٣٠- فتح القدير شرح الهداية، كمال الدين محمد بن عبدالواحد السيواسي ابن الهمام، (ت ٨٦١ هـ - ١٤٥٦م)، والهداية للمرغيناني، (ت٥٩٣هـ-١١٩٦م)، مكتبة ومطبعة البابي الحلبي وأولاده، القاهرة، ط١، ١٣٨٩هـ.

٣١- الفقه الإسلامي وأدلته، وهبة الزحيلي، دار الفكر ودمشق، ط٣، ١٩٨٩م.

٣٢- الفقه المقارن للأحوال الشخصية، بدران أبو العينين بدران، دار النهضة العربية، بيروت.

٣٣- قانون حقوق الإنسان في الفكر الوضعي والشريعة، عبدالواحد الفار، دار النهضة العربية، مطبعة جامعة القاهرة، ١٩٩١م.

٣٤- القانون الدولي العام، علي صادق أبو هيف، مكتبة المعارف، الاسكندرية، ط١.

٣٥- مجمع الأنهر شرح ملتقى الأبحر، عبدالرحمن بن محمد بن سليمان، المدعو: شيخ زاده، (ت ١٠٧٨هـ- ١٦٦٧م)، وهو شرح لملتقى الأبحر للشيخ إبراهيم الحلبي، المطبعة العثمانية، ١٣٠٥هـ.

٣٦- مختصر صحيح مسلم، زكي الدين عبدالعظيم بن عبدالقوي بن سلامة المنذري الدمشقي، (ت ٦٥٦هـ- ١٢٥٨م)، تحقيق: محمد ناصر الدين الألباني، المكتب الإسلامي دمشق، وبيروت، ط٣، ١٣٩٧هـ - ١٩٧٧م.

٣٧- مسند الإمام أحمد بن حنبل (ت ٢٤١هـ - ٨٥٥م)، مؤسسة قرطبة، مصر، ودار صادر، بيروت.

٣٨- المعجم الكبير، أبو القاسم سليمان بن أحمد بن أيوب الطبراني، (ت ٣٦٠هـ - ٩٧٠م)، مطبعة دار الزهراء الحديثة، ط٢.

٣٩- المغني، عبدالله بن أحمد بن قدامة، (ت ٦٢٠هـ - ١٢٢٣م)، مكتبة الرياض الحديثة، الرياض.

٤٠- الميراث في الشريعة الإسلامية، من الناحية الفقهية والتطبيقية، محمد حسن أبو يحيى، المركز العربي للخدمات الطلابية، عمان، الأردن.

٤١- نظام الأسرة، محمد عقلة، مكتبة الرسالة الحديثة، مطبعة الشرق ومكتبتها.

٤٢- نهاية المحتاج إلى شرح المنهاج، شمس الدين محمد بن أبي العباس أحمد بن حمزة بن شهاب الدين الرملي، (ت ١٠٠٤هـ - ١٥٩٥م)، مكتبة ومطبعة مصطفى البابي الحلبي وأولاده، القاهرة، ١٣٨٦هـ - ١٩٦٧م.

٤٣- الوجيز في أصول الفقه، عبدالكريم زيدان، مؤسسة الرسالة، ١٩٩٤م.

فهرس المحتويات

صدر للمؤلف

أولاً : الأبحاث و الكتب المؤلفة بصفة منفردة.

١ – حكم شهادة النساء في ما يطلعن عليه غالباً.

٢ – حكم استمتاع الزوج بزوجته الحائض والنفساء والمستحاضة في الشريعة و الطب.

٣ – حكم مس القرآن الكريم و حمله و قراءته و كتابته للمحدث و الجنب و الحائض والمستحاضة في الشريعة.

٤ – حكم بيع الثمار و المحاصيل الزراعية قبل بدو صلاحها في الشريعة.

٥ – التجديد في الفكر الإسلامي، مفهومه، أهميته، ضوابطه.

٦ – حقوق الإنسان في الإسلام.

٧ – حقوق الميت و أحكامه في الإسلام.

٨ – حقوق المرأة في الإسلام و القانون الدولي.

٩ – حقوق الجنين و الطفل في الإسلام و القانون الدولي.

١٠ – نظام الأراضي إبّان الفتوحات الإسلامية.

١١ – الاختلاف و أسبابه لدى علماء المذاهب الفقهية.

١٢ – حكم شهادة النساء في العقوبات.

١٣ – دواعي الدخول في الإسلام في العصر الحديث.

١٤ – مفهوم الإرهاب.

١٥ – أسباب الإرهاب.

١٦ – حكم زراعة الأعضاء و نقلها في الشريعة الإسلامية.

١٧ – حكم التحكم في صفات الجنين في الشريعة الإسلامية.

١٨ – دور الأسرة في منع الإعاقة و رعاية ذوي الاحتياجات الخاصة.

١٩ – الطب الوقائي من الحسد و علاجه.

٢٠ – فقه المعاوضات والمشاركات (تنسيقاً و توضيحاً) من كتاب الاختيار لتعليل المختار.

٢١ – الاستدانة في الفقه الإسلامي.

٢٢ – أهم قضايا المرأة المسلمة.

٢٣ – حكم شهادة النساء في ما سوى العقوبات مما يطلع عليه غالباً.

٢٤ - أهداف التشريع الإسلامي.

٢٥ - نظام الأراضي في صدر الدولة الإسلامية.

٢٦ - اقتصادنا في ضوء القرآن و السنة.

٢٧ - القصاص في النفوس في الشريعة الإسلامية.

٢٨ - أحكام الزواج في الشريعة الإسلامية، دراسة فقهية مقارنة بقانون الأحوال الشخصية الأردني.

٢٩ - الميراث في الشريعة الإسلامية من الناحية الفقهية و التطبيقية.

٣٠ - ملكية الأراضي إبّان الفتوحات الإسلامية.

٣١ - طهارة أصحاب الأعذار المرضية للصلاة في الشريعة.

٣٢ - طهارة أصحاب الأعذار غير المرضية في الشريعة.

٣٣ - حكم دفع القيمة في الزكاة في الشريعة.

٣٤ - حكم دفع الصدقات إلى الأقارب في الشريعة.

٣٥ - حكم دفع الصدقات الزوجين في الشريعة.

ثانياً : الكتب المؤلفة المشتركة:

٣٦- الثقافة الإسلامية.

٣٧- الطهارة و العبادة (ثلاثة أجزاء).

٣٨- العلوم الشرعية(٢)، فقه المعاملات، الصف الثاني الثانوي الشرعي، وزارة التربية والتعليم- المملكة الأردنية الهاشمية.

٣٩- معاملات (١) جامعة القدس المفتوحة.

٤٠- نظام الإسلام.